続 神経内科医の文学診断

岩田誠

白水社

続 神経内科医の文学診断

装幀　細野綾子

はじめに

子供の頃から本の虫だった私は、とりわけ物語を読むことに熱中した。小学校時代の夏休みには、伯母の住む岐阜の田舎で数週間を過ごした。小学校の教員だった伯母の書架にある文藝春秋社の小学生全集（戦前に出版された小学生向けの文学全集）を片っ端から読むのが楽しかったからだ。『小公子』『小公女』『ジャングル・ブック』『日本剣豪伝』『立志伝』など、実にさまざまな物語が、さしたる混乱もないまま、子供の脳の中に住みつくこととなった。

岩波書店から少年文庫が出版され始めると、父は新刊が出るたびに買ってきてくれた。夕方帰宅した父から渡された少年文庫を読みだすと、もう止まらない。家族が夕食の食卓を囲んでいても、私ひとりは本を読み続けた。いつもは口やかましい父も、少年文庫を読みふけっているときの私には、何も言わなかった。やっと読み終わってふと気がつくと、ほかの家族はみな食事を終えていて、もう布団も敷かれ、寝る時刻だった。一人で急いで夕食をかきこみ、布団にもぐるのだが、頭の中では、読んだばかりの物語に出てきた、ロッテとルイーゼ、ドリトル先生、あるいはクリストファー・ロビンとの会話が続いていた。

小説というものを本格的に意識したのは、高校時代である。周囲には、読書歴においては、私の比較にならないほど先を行く同級生や先輩がたくさんいた。まだ自分が名前も知らない作者の書いたものについて彼らが議論を始めると、会話に参加することができない私は、自らの読書歴の貧しさを思い知らされた。それが刺激となり、高校時代は、長編小説を読破していくことがひとつの目標だった。トルストイ、ドストエフスキー、ヘッセ、ロマン・ロラン、トーマス・マンらの作品を読みふけった。もちろん、日本の作家たちの小説も読み始めた。

ところが、小説とのおつき合いは、大学卒業後、医者としての仕事に明け暮れているうちに、とんと途絶えてしまっていた。小説との関わりを再開したのは、医学生や研修医を教える立場になってからである。医師として最も重要なのは、人との対話であるが、それに必要なのは、人というものが、何をどのように感じ、どのように考え、どのように行動するかということに対する知識である。これを教えてくれるのは、小説の中で語られた人生だということに気づかされたからだ。医者としての眼で小説を読むようになったのは、このような経緯であった。

そんなディレッタントとしての小説愛好家が、自分が編集に携わる季刊医学雑誌 Brain Medical（メディカルレビュー社）に、「神経内科の文学散歩」というタイトルで、さまざまなジャンルの小説に接して感じたこと、考えたことを、とりとめもなく綴り始めたのは、今から十五年前のことである。楽しく書き続けた連載が三十回分たまった頃、勤務していた東京女子医科大学を定年退職することとなり、それを機に連載に加筆訂正をして、白水社から『神経内科医の文学診断』として、単行本として刊行することができた。Brain Medical にはその後も、「神経内科の文学散歩」の連載を続けていたのだが、二〇一四年暮れ、同誌は通算一〇〇号をもって休刊となり、連載も終了することとなった。『神経内科医の文学診断』以降、二十八回分の連載に加筆訂正をして、ここに『続 神経内科医の文学診断』として出させていただく次第である。

Brain Medical の連載「神経内科の文学散歩」では終始メディカルレビュー社の有泉光江さんにお世話になった。また、その連載原稿を『神経内科医の文学診断』および『続・神経内科医の文学診断』の二冊の本にまとめるにあたっては、白水社編集部の菅家千珠さんに、大変ご尽力いただいた。ここに、お二人に深甚の感謝をささげる次第である。

目次

はじめに　3

1　ガブリエル・ガルシア・マルケス『百年の孤独』
——家族性致死性不眠症　11

2　ジュール・ヴェルヌ『オクス博士の幻想』
——酸素の毒性——　19

3　帚木蓬生『三たびの海峡』
——低血糖昏睡——　26

4　パスカル・キニャール『アルブキウス』
——ローマ時代の毒殺法——　33

5　ギュスターヴ・フロベール『ボヴァリー夫人』
——ヒ素中毒——　40

6　アガサ・クリスティー『蒼ざめた馬』
——タリウム中毒——　47

7　ウンベルト・エーコ『薔薇の名前』　54
——推理小説と症候学——
8　バーナード・ショー『ウォレン夫人の職業』　61
——鉛中毒——
9　J・K・ローリング『ハリー・ポッターと賢者の石』　67
——魔法使いの遺伝子——
10　ミヒャエル・エンデ『モモ』　74
——脳と時間——
11　マイケル・カニンガム『めぐりあう時間たち』　81
——奪い返した時間——
12　ヴァージニア・ウルフ『ダロウェイ夫人』　87
——変形視、幻聴、自殺——
13　オウィディウス『変身物語』　94
——性転換と両性具有——
14　マリーズ・コンデ『わたしはティチューバ』　101
——魔女狩りの系譜——

15 アベ・プレヴォ『マノン・レスコー』 108
——サルペトリエール病院——
16 テネシー・ウィリアムズ『欲望という名の電車』 116
——嘘つき脳の働き——
17 ジェイムズ・ジョイス『痛ましき事件』 123
——アルコール中毒——
18 エミール・ゾラ『居酒屋』 131
——振戦譫妄《しんせんせんもう》——
19 ハーマン・メルヴィル『ビリー・バッド』 139
——善悪判断——
20 ダンテ『神曲』 146
——痙性斜頸——
21 マハーバーラタ『ナラ王物語』 154
——病的な賭けごと——
22 ホメロス『イリアス』 161
——恐怖——

23　ラシーヌ『フェードル』　168
——怒り——
24　フセーヴォロド・ガルシン『信號』　175
——利他的行為——
25　ジャン・ジロドゥ『オンディーヌ』　182
——オンディーヌの呪い——
26　チャールズ・ディケンズ『ピクウィック・クラブ』　189
——冠名症候群と冠名疾患——
27　曽野綾子『神の汚れた手』　196
——先天奇形——
28　有吉佐和子『恍惚の人』　202
——デメンチア——
参考資料　211

1　ガブリエル・ガルシア・マルケス『百年の孤独』

——家族性致死性不眠症——

この不眠症のもっとも恐ろしい点は眠れないということではない（体はまったく疲労を感じないのだから）、恐ろしいのは、物忘れという、より危険な症状へと容赦なく進行していくことだった。つまり、病人が不眠状態に慣れるにつれてその脳裏から、まず幼年時代の思い出が、つぎに物の名称と観念が、そして最後にまわりの人間の身元や自己の意識さえ消えて、過去を喪失した一種の痴呆《ちほう》状態に落ちいるというのだ。

（ガブリエル・ガルシア・マルケス著『百年の孤独』鼓直訳　新潮社）

ガルシア・マルケスの『百年の孤独』を初めて読んだとき、右記の箇所に私は仰天した。蜃気楼の村「マコンド」を創設したブエンディア一族の遺伝病として描かれる病像は、まさしく「家族性致死性不眠症」、すなわち「遺伝性プリオン病」の症状だったからである。

狂牛病として有名になったプリオン病は、どんな脳にも普遍的に存在するプリオンというタンパク質が、正常な構造とは違う異常な三次元構造に変わることによって生じる。狂牛病のように、動物からヒトへ、あるいは脳外科手術やヒト由来の手術材料によって伝播する感染性の病気で、一度発症すれば確実に死に至り、今のところ有効な治療法は全くない。しかも、煮沸やアルコール消毒といった通常の消毒法では、その伝播を阻止することができない。実際には感染経路の不明な症例も多く、それらもまとめて「クロイツフェルト・ヤコブ病」という名称で呼ばれてきた。

プリオン病には遺伝性のものもある。こちらは、プリオンタンパク質の遺伝子異常によってつくられた変異型プリオンをもつ人だけに生じる病気で、感染症ではなく、遺伝性あるいは家族性の疾患として発症する進行性脳変性症である。正常のプリオンタンパク質にはいくつかの異なるタイプがあるが、このうちの特定のタイプのプリオンタンパク質をもち、しかもプリオン遺伝子の中のある特定の箇所の遺伝子情報に変異がある場合に生じる。スペイン、ドイツ、イタリアなどからの症例報告が多く、わが国ではほとんど発症していない。遺伝性プリオン病も、一般のプリオン病と同様、確実に死に至る。家族性致死性不眠症は、この遺伝性プリオン病の一型である。

一九七六年、米国の医学者ダニエル・カールトン・ガジュセックにノーベル医学生理学賞が授与された。パプアニューギニアの食人種に発症する風土病「クールー」が脳を食べることで伝播すること、このクールーと病理学的に類似したクロイツフェルト・ヤコブ病は、チンパンジーへの伝播が可能であるということを証明した功績によるものだった。当時、ニューヨークの病院で神経病理学を学んでいた私は、二重の意味でこのニュースをうれしく聞いていた。ひとつは、学生時代にガジュセック先生の講義を聞いていたこと。講義の内容は、今となっては覚えていないが、「例外的であるということには大きな意味がある（Exception is highly significant.）」という先生の言葉は、今でも脳裏に焼きついている。もうひとつの理由は、ガジュセック先生が休暇を過ごす生まれ故郷の町が、私の住むヨンカースだったことである。ヨンカースはニューヨークの北に接する町で、当時は、ノーベル賞受賞者ガジュセックの生まれ育った町ということと、ちょうどその頃逮捕された「サムの息子」と名乗る予告殺人犯の住んでいた町ということで、にわかに有名になった。

ところがノーベル賞受賞のニュースが伝えられて数ヵ月後、とんでもない事件が私自身の身に降りかかってきた。

当時、私が所属していた医科大学には、ハンチントン病という遺伝性舞踏病の脳を調べている生化学者がいた。今から考えるといささか乱暴な話であるが、ハンチントン病の病因を研究するため、彼は大脳皮質の生検をしていた。患者の前頭葉から、小指の頭ほどの大きさの大脳皮質を取り、これを使って生化学的な分析をおこなっていたのである。手術室で脳外科医が取り出した生検材料は、神経病理の担当医だった私が、その場でガーゼの上にもらい受ける。生検材料をガーゼに載せたまま剃刀で半分に切断し、一方を件《くだん》の生化学者の研究室の助手に渡し、残った一方は病理学的な所見を調べるために自分の研究室に持ち帰るというのが、検査の手順だった。

ある日、手術室から呼ばれた私は、いつものごとくハンチントン病患者の前頭葉の小片半分をガーゼに包んだまま研究室に持ち帰り、すぐ技術員に渡して、通常のごとく標本をつくるように指示した。次の朝、私の机の上には、病理学的検索のための標本が用意されていた。ハンチントン病の前頭葉皮質の標本なので、たいした所見はないはずだと思いながら、軽い気持ちで顕微鏡を覗き込んだ私は絶句した。そこに見えたのは、海綿様脳症、つまりクロイツフェルト・ヤコブ病に特有の所見だったからである。これは何か技術的な間違いに違いないと思い、他の染色標本も調べてみたが、いずれも所見は全く同じだった。私はすぐさま標本を持って、神経病理部長である平野朝雄教授の研究室に駆け込んだ。あわてて説明する私の話を聞きながら、先生はプレパラートの一枚を明りに透かして肉眼でじっとご覧になり、ひと言「スポンジフォームのようですね」とおっしゃった。そしておもむろに顕微鏡で観察し、「間違いありません。これは海綿様脳症です」という判断をくだした。

それからがたいへんだった。まず生化学研究室に電話で事情を話し、昨日の標本にはいっさい手を触れずに容器ごと焼却するように告げた。そして患者の入院していた病棟の研修医にも診断を伝え、クロイツフェルト・ヤコブ病としての感染防止対策を採るように指示した。もちろん、神経病理研究室の技術者にも事情を話し、標本は密閉して注意書きのうえ、凍結保存するようにした。

しかし、ときすでに遅かったのは、脳外科への連絡だった。昨日の患者に使用した手術器具がどうなっているかを尋ねた私は愕然とした。通常の消毒をすませたあと、すでにその朝の脳動脈瘤の手術に使用されていたことを告げられたからである。事情を説明して、感染の可能性があることを話さねばならなかった辛い気持ちは今でも忘れられない。ガジュセック先生は、クロイツフェルト・ヤコブ病の伝播因子は加熱処理に強く、通常の消毒法では変性せず伝搬性が保存されるということをすでに報告していた。

そこまでの対応が終わってから、私は平野教授や病棟の医師たちと相談し、凍結保存した脳組織をガジュセック先生の研究室に送ってチンパンジーの脳に植えてもらうことにした。要請に応じてワシントンの国立保健研究所の研究室から二人の研究者が派遣され、私たちの生検材料を持ち帰った。私は彼らに、自分が撮影した症例の顕微鏡標本写真を二組預け、厚かましくも、できたらその一組にガジュセック先生のサインをいただいて欲しいと頼んだ。しばらくして、署名入りの写真が送り返されてきた。

興奮が醒めると同時に襲ってきたのは、自分自身への感染のリスクである。ガーゼでくるんだまま持ち帰った標本に触れていなかったかどうか不安になった。クロイツフェルト・ヤコブ病の脳を手術した脳神経外科医が感染して亡くなった例は複数あったし、患者の角膜を移植された人がこの病気に感染したという報告もされていた。不安になった私は、平野教授の恩師であるH・M・ジンマーマン先生の所に相談に行った。恐々と質問する私に、ジンマーマン先生の答えは明確だった。「私が知る限り、神経病理学者でこの病気に罹患した人はいない。私もこの病気の脳は何回も病理解剖で調べている。君たちは今、病理解剖のときにはゴム手袋をしているが、私の頃はそんなものはなかった。神経病理学者は皆、素手でクロイツフェルト・ヤコブ病の脳の病理解剖をしたんだよ。それでも、誰ひとり発病してはいない。だから全く心配無用だ」。豊富な経験を経て、八十歳をとうに過ぎた先生の言葉には絶大の説得力があった。私の心はようやく落ち着いた。

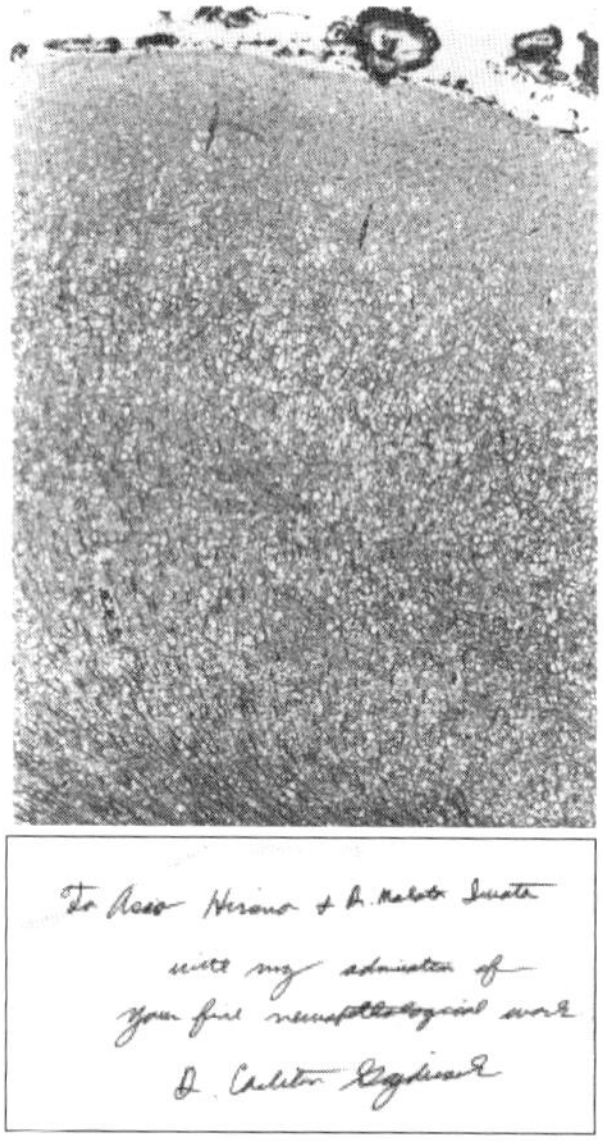

脳生検で見出されたクロイツフェルト・ヤコブ病の海綿様脳症の顕微鏡写真と、その写真の裏にしていただいたガジュセック先生のサイン。

ほっとすると、人間はつまらないことを考え出すものである。一時の恐怖から解放された私は、今度は直木賞、いや芥川賞を目指す小説を書くという大それた計画に乗り出した。患者の病歴を詳細に検討したところ、彼女が三十代の娼婦だったということ、そして彼女の母もまた娼婦であり、やはり急激に進む脳の病気が原因で、三十代で死亡していることを知ったからである。

小説のあらすじは――ニューヨークのある病院の若き神経病理学者Mは、致死的で原因不明の難病であるX病の女性の病理解剖を依頼され、彼女の脳を詳細に調べた。Mがとりわけ興味をもってその症例の脳を調べたのには、わけがあった。どちらかといえば稀な病気であるこのX病が、その頃のニューヨーク市内の病院でしばしば発症し、そのうちの数例の脳の検査がMに依頼されていたからである。不思議なことにそれまでの症例は全て男性であり、今回依頼された症例は、X病としては初めての女性例であった。X病は、手足の先端が細かく震えるミオクローヌスと呼ばれる症状から始まり、半年もたたないうちに完全な植物状態に陥って亡くなるという恐ろしい病気だった。調べをすすめるうちに、患者の女性は娼婦であったということがわかった。そこで彼は、ニューヨーク中の病院で最近亡くなったX病患者の生前の生活歴を調査をする。個人的な秘密を暴露するような調査は、遺族たちの反感を招くが、娼婦の遺族が提供してくれた小さな手帖が謎を解き明かしてくれた。彼女は客の名前を記録していたのである。リストの名前は、ニューヨークの病院で亡くなったすべてのX病患者と一致した。しかしそれを発見したとき、小さな手帖を持つ若き神経病理学者Mの手には、まごうかたなきミオクローヌスが現れていた……。

当時の私の研究室仲間は皆、このストーリーを何度となく聞かされたはずである。しかし小説を仕上げるには時間が必要だった。プロットを温めて帰国し、数年経ったある日、私のもとに『ニューヨーク・タイムズ』の切抜きが送られてきた。ニューヨークでＡＩＤＳという病気が流行っているという記事だった。初めて名を聞くこの病気の正体は、その数年後明らかにされた。私は自分が予言者であったとは感じたが、小説家になることは断念した。

ちょうどその頃、ニューヨークからもうひとつの知らせがあった。ガジュセック研究室からの報告の写しだった。私が送った生検材料を脳に植えられたチンパンジーが海綿様脳症を発症したこと、そして発症したチンパンジーの脳組織を植えられた別のチンパンジーもまた、同じ病気を発症したことの最終報告だった。

あれから四十年近く経った今、海綿様脳症の潜伏期間としてはもう時効かなと思いながら私はジンマーマン先生に感謝している。

2　ジュール・ヴェルヌ『オクス博士の幻想』
―酸素の毒性―

ガスの導管を配置し終えると、彼はごくわずかな水素もまぜずに、ただ純粋な酸素だけを公共建物に充満させ、それから各個人の家に、最後にキカンドンヌの通りという通りに充満させたのである。
この無味無臭のガスは大気中に大量に流され、それが吸いこまれると、人体には、じつに由々しい錯乱が生じる。酸素の充満した環境のなかで暮らしていると、人間はいらいらし、過度に興奮し、燃え上がるのだ！

（ジュール・ヴェルヌ『オクス博士の幻想』窪田般彌訳　東京創元社）

プリオン病の病原体であるプリオンというタンパクは、たいへん熱に強く、煮沸したぐらいでは全く壊れない。長い間、私にはこれが不思議でならなかった。なぜなら、私の知識の中にあるタンパクは「蛋白」、つまり卵の白身で、煮沸すればたちどころにゆで卵になるというイメージだったからである。「熱に強いタンパク」などというものは想像もつかなかった。

そんな私の常識を一挙に覆したのが、二〇〇〇年の夏、札幌学院大学社会情報学部で開催された「第十回社会と情報に関するシンポジウム」である。このシンポジウムは、宇宙の生成、生命の起源、ヒトの進化という三つの視点で構成され、私は、ヒトの進化を絵画という側面からみた「ホモ・ピクトルの進化論」という講演をさせていただいた。このシンポジウムで私の前に登壇された大島泰郎先生の講演「生命の起源研究の話題から――原始の海は熱かったか?」を拝聴して、タンパクに関する私の長年の疑問が氷解した。

大島先生によれば、原始のタンパクは非常に熱に強く、卵白のような軟弱なタンパクは、生物界の進化の過程では、言わばできそこないらしい。原始の地球は二酸化炭素に覆われていて気圧が高かった。高い気圧によって抑えつけられていた地球上の水の沸騰点は摂氏一〇〇度を超えていた。このような環境の中で、最初の生命体、超好熱菌と呼ばれる細菌が生まれた。この細菌を構成していたタンパクは、一〇〇度を超える環境でもビクともしなかった、というのである。今でも、温泉の湧き口のような高温環境、さらには海底火山の噴出孔のような環境でも、生きている細菌がいる。海底火山は水圧が高いので、水は一〇〇度以上でないと沸騰しない。これらの細菌はそうした超高熱環境で生きているのである。こうした細菌こそが、原始生命体の末裔ではないか、というお話だった。

大島先生に「ヒトの脳には、プリオンという熱に強いタンパクが存在するのですが、これは起源の古いタンパクなのでしょうか?」とうかがってみたところ、先生はすかさず「そうだと思いますよ」と答えてくださった。

大島先生の講演では、もうひとつ、生命の起源についてのたいへん興味深いお話があった。人間の身体の細胞は、古細菌という生物に、新生細菌という別の生物が侵入してできたという「共生説」である。

地球上の生命体は、真核生物(ヒトの身体の細胞のように核を持つ生命体)、新生細菌(大腸菌などのように、一般にバクテリアと呼ばれるもの)、そして古細菌の三つのグループに分けられる。古細菌は、たとえばメタン菌のようなメタンガスをつくるが、酸素にあたると死んでしまう奇妙な生命体であった。この生命体の中に、酸素を利用して呼吸作用を営むことのできるバクテリアが侵入し、古細菌の体の一部として取り込まれてしまって共生状態にあるのが、真核生物、すなわち私たちの身体をつくっている細胞だというのである。

生命体の進化という視点から見ると、地球上に生まれた生命体には、酸素を嫌う古細菌と、酸素を好むバクテリアの二種類があり、そのハイブリッドが今日地球上を覆ってはびこっている真核生物であるということになる。ハイブリッドが形成される時、古細菌の体内に取り込まれたバクテリアは、ミトコンドリアと呼ばれる細胞内小器官になって細胞の呼吸にあずかっている。ミトコンドリアは、二重の膜で囲まれている。共生説によれば、この二重膜のうち、内側の膜は取り込まれたバクテリアが本来持っていた膜であるのに対し、ミトコンドリアの外側

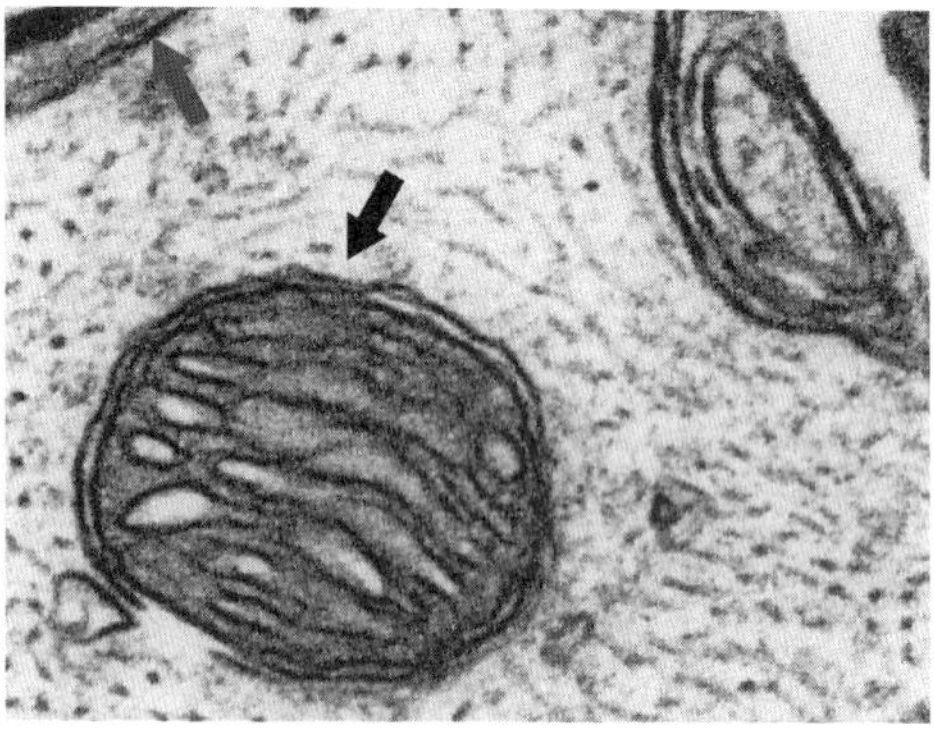

神経細胞内ミトコンドリアの電子顕微鏡写真。細胞の膜（グレー矢印）は一重だが、ミトコンドリア（黒矢印）を囲む膜は二重になっている。図の下線は 1 μm を示す（写真提供：東京女子医科大学神経内科佐々木彰一先生）。

の膜は、本来宿主であった古細菌の細胞膜に由来する膜だということになる。実際、ミトコンドリアの内側の膜にくっついている酵素は一般のバクテリアと同じ酵素であるのに対し、真核生物の細胞膜に由来する酵素は、古細菌と同じ酵素であることがわかっているという。

それにしても、今日の地球上の生物の九十九パーセントを占める真核生物が、何十億年も前に起こった二つの異なる生命体の合体であるということは、大きな驚きである。そしてこの合体の結果、真核生物の細胞は酸素を利用してエネルギーを得るという営み、すなわち呼吸能力を獲得した。今日、真核生物の頂点に立つヒトが酸素なしには生きられないのは、このような理由によるというのである。

さて、そのようにしてわれわれが生命維持のために利用することになった酸素ではあるが、一方ではその毒性も大きな問題として取り上げられている。

酸化ストレス、活性酸素、酸素ラジカルといった用語は、今日では生命体にとって破壊的な意味を持つ言葉として知られているが、真核生物の本来の体は酸素を嫌う古細菌に由来していることを思えば、ごく当たり前のことである。寄生した酸素好きのバクテリア、すなわちミトコンドリアの中に閉じ込められていない限り、もともと古細菌由来の私たちの体にとって、酸素というものは、何をするか知れたものではない札付きの毒性物質なのである。

子供の頃、転んで怪我をしたりすると、内科医だった父はオキシフルという液体で傷口を洗った。傷口に沁みて痛いオキシフルが私は大嫌いだった。おまけにこの後、さらにもっと痛いヨードチンキまで塗られるのであるからたまらない。「痛い！」と訴えても、「痛いのは、消毒が効いている証拠だ」と言ってまったく取り合ってくれなかった。父がいま生きていれば「痛いのは酸素が毒だという証拠だったのだ」と反論できるのに、残念に思う。

さて、酸素の毒性が論じられるはるか以前の一八七四年、科学作家ジュール・ヴェルヌは酸素の毒性をテーマにした小説『オクス博士の幻想』を書いた。オクスという名前は、もちろんオキシジェン（酸素）に由来しているのであろうから、さしずめ「酸素博士」であろうか。

あらゆることがゆっくりと穏やかに進む、のんびりした平和な町キカンドヌ。オクス博士はこの町の住民たちに、大規模な人体実験をおこなうことをたくらむ。ガス灯の照明工事と思わせて町中に配管工事をおこない、そこから純酸素を流したのである。すると、住民たちは人が変わったようにせわしなく動き回り、いらいらしてすぐに争いごとを起こし、果ては隣町に対して戦争をしかけようとするまでになってしまう。一触即発の危機のその頂点で、オクス博士の酸素生産工場が爆発。酸素は消えて、町はまた昔どおりののんびりしたキカンドヌに戻る。こんな突拍子もない話を、当時の人々はどう受け止めたのだろうか。

ここで思い出すのは、戦後まもなく、私がまだ子供だった頃のラジオの連続子供小説『おらぁ三太だ』である。相模湖から道志川をさらにのぼった山奥の村の少年、三太の物語だが、そのシリーズの中に世界から空気が消える日の話があった。「某月某日の某時から、ほんの一時間ほどの間、世界から空気が消える」という噂が流れ、村の人々はパニックに陥る。村の金持ちは家族全員分の酸素ボンベを買い込んで備えるが、三太の家をはじめ、普通の村人の家ではそんなことは考えようもない。一生懸命に息を止める練習をやってみても、せいぜい数分しか止めることはできない。いたしかたなしと覚悟を決めた村人たちに運命の時刻が迫ってくる。ついに空気が世界から消える瞬間——しかし、何も起こらない。村は、いつものようにゆったりとした時間が流れていくだけだった……。空気が消えるという噂は、酸素ボンベを売ってひと儲けしようとした悪徳商人が流したデマというオチだったように記憶しているが、外の社会からの情報がほとんど遮断された小さな町や村が、酸素をめぐって大騒動を起こすという筋立ては『オクス博士の幻想』によく似ている。しかし、『おらぁ三太だ』では、酸素は生きていくために必須の物質であるという条件設定であるのに対し、それより七十年以上も前の『オクス博士の幻想』では、酸素は毒であるということになっている。

生命維持には酸素が不可欠であることは、十八世紀末、アントワーヌ・ラヴォアジェによって初めて示された。ちなみに、ラヴォアジェはのちのフランス革命でギロチンにかけられている。『オクス博士』の幻想が書かれた一八七四年の時点では、生体に対する酸素の重要性は常識であったし、血中の酸素濃度を測定することも可能になっていた。ジュール・ヴェルヌはこれらのことを十分に知っていたに違いない。しかし、科学技術の未来像を求め続けると同時に、その危うさをも感じとっていたヴェルヌという作家は、このときすでに酸素のヤヌス性を直感しており、天使のごとく見える酸素の顔の裏に、悪魔がほくそえむもうひとつの顔を見抜いていたのであろう。

ところが、ヴェルヌの予想に反して、その後、酸素は治療に用いられ、人命救助に活躍するようになる。一九一七年、英国の医学者ジョン・バードン・サンダースン・ホールデンは、治療手段として酸素吸入を導入する。ヴェルヌが亡くなってから十二年が過ぎていた。それ以来、酸素は生命を救う物質であると信じ続けられてきたが、一九九〇年以降、脳・神経系のさまざまな病気において、活性酸素あるいは酸化ストレスの意義が注目されるようになってきた。預言者ジュール・ヴェルヌが酸素の毒性に注目してから、優に一世紀以上を経過していたのである。

3　帚木蓬生『三たびの海峡』
――低血糖昏睡――

そこで私は、隠し持ったインスリンの注射器のキャップをはずして機を狙《ねら》います。そして康元範が背を向けた時、体当たりをすると同時にシャツの上から針を刺し、カートリッジにはいった即効性のインスリンを全量射《う》ち込むのです。

（帚木蓬生『三たびの海峡』新潮文庫）

一九二二年一月、十四歳の若年性糖尿病患者レナード・トムソンの殿部に注射されて以来、インスリンが救った命はいったいどれほどの数に上るだろうか。その前年の夏にトロント大学生理学教室で、外科医フレデリック・バンティングと無名の医学生チャールズ・ベストの二人が膵臓由来のホルモンの抽出に成功し、糖尿病にかかっていた犬の命を救った。そしてこの物質がヒトの糖尿病患者の治療にも十分使用できることが証明され、インスリンは命を救う魔法の薬剤の仲間入りをしたのである。しかしその一方で、この物質は低血糖昏睡を利用した犯罪の道具としても使われるようになった。

冒頭に引用したのは、小説の主人公が、長年の怨念を晴らすべく宿敵を殺すための方策を考え、それを遺書の形で息子に書き残した一節である。強制連行によって朝鮮半島から北九州の炭鉱に連れて来られ、自由と人権を踏みにじられた主人公が、同国人でありながら日本の資本家の手下となり、同胞を虐待し、民族の誇りを傷つけた男に対する復讐を、インスリン注射で成し遂げる。

日本では、二〇〇四年に実際に千葉県で起きた殺人未遂事件が有名である。農家に嫁いだ外国人妻が、夫に三〇〇単位のインスリンを注射して殺そうとしたが未遂に終わり、夫は慢性植物状態に陥ったままという衝撃的なものであった。

世界的に大きなスキャンダルとなったのは、米国で起きたサニー・フォン・ビューロー事件である。サニーことマーサ・シャープ・クロフォードは、オーストリア貴族と離婚して莫大な遺産を継承した後、ドイツの旧貴族の末裔クラウス・フォン・ビューローと再婚していた。一九八〇年十二月二十一日、サニーは自宅であるロードアイランド州ニューポートの豪邸クラレンドンコートで突然意識障害を生じて昏睡となり、慢性植物状態となってしまう。昏睡の原因が低血糖によるものであることは判明したが、なぜ極端な低血糖になったかは不明であった。しかしその後、クラウスとサニーのフォン・ビューロー夫妻の結婚生活が破綻しつつあったことがわかった。しかも、二人の離婚が成立するとクラウスの財産取り分は皆無となるが、その前にサニーが亡くなると、クラウスは約一四〇〇万ドル（当時の為替相場で約五億円）の遺産を相続することになるというのである。サニーの前夫の子供たちは、義父であるクラウス・フォン・ビューローを、インスリンを使った殺人未遂で訴えた。第一審では、インスリンの痕跡の残る注射器などの証拠が提出されて、クラウスは有罪となった。容疑者とされたクラウスの属するフォン・ビューロー家は、中世まで遡ることのできるドイツの由緒ある家柄で、指揮者として有名なハンス・フォン・ビューローはこの一族の出である。

これに対しクラウスは、ハーヴァード大学法学教授のアラン・ダーショヴィッツを弁護人として上告した。ダーショヴィッツは、それまでの裁判で有力な証拠とされていた証言や、注射器の信頼性に対する疑問点を次々と明らかにして、クラウスを逆転無罪にする判決を勝ち得た。この事件は、ジェレミー・アイアンズ主演で『運命の逆転』という映画にもなったが、真実はいまだに謎で、しかも当のサニー・フォン・ビューローは、慢性植物状態のまま今も生存しているといわれている。

膵臓からでるホルモンのインスリンは、血液中のブドウ糖を筋肉に取り込ませる作用を持つ。インスリンが増加すると血液中のブドウ糖は減少し、低血糖状態となる。ブドウ糖は細胞が生きていくために必須のエネルギー源であるが、通常の細胞は細胞体の中にブドウ糖のもとであるグリコーゲンを蓄えているので、血液内のブドウ糖がゼロになっても生き抜いていくことができ、すぐに死滅するようなことはない。しかし、脳の神経細胞はグリコーゲンを蓄えていないため、絶えず血液中からブドウ糖を取り込まないと生存できない。このため、大量のインスリンが注射されて低血糖になると、神経細胞は働きを止め、昏睡に陥ってしまう。このときすぐにブドウ糖を注射して低血糖を是正すれば、意識は直ちに戻り、まったく元通りに回復できるが、ブドウ糖が取り込まれない状態がある程度続くと、神経細胞は死滅してしまい、意識は戻らなくなってしまう。そのまま全く治療がなされなければ、意識が戻らないばかりか呼吸も止まって死に至るが、ブドウ糖の投与がなされれば、生命は救われる代わりに慢性植物状態になる可能性がある。

今はもうおこなわれないが、昔は、糖尿病の治療以外の目的で、インスリンが使用される医療が二つあった。ひとつは重症の精神障害に対するインスリン・ショック療法、もうひとつはインスリン負荷試験である。精神科におけるインスリン・ショック療法のことに対しては全く知識がないが、インスリン負荷試験については、事故の犠牲になった患者さんたちの姿を通して、その恐ろしさを実感したことがある。

インスリン負荷試験は、周期性四肢麻痺の診断に使われた。周期性四肢麻痺というのは、普段は全く何の症状もないが、時々体中の筋肉が麻痺してしまう病気である。血液中のカリウムが減少して起こる低カリウム血性周期性四肢麻痺が多い。ところが、血液中のカリウムの減少は発作中のみに生じ、普段の血液を調べてもカリウムの値は正常のことが多い。そこで、インスリン負荷試験がおこなわれた。インスリンの作用で血液中のブドウ糖が筋肉の細胞内に取り込まれるときには、カリウムも一緒に細胞内に取り込まれるので、血液中のカリウムもブドウ糖とともに減少する。これを利用して、麻痺が生じるかどうかを調べるのが、この検査の目的であった。つまり、ブドウ糖を点滴静注しながらインスリンを注射し、血液中のカリウムを測定しながら状態を観察するという試験である。ところが、この試験の施行中に低血糖を生じ、それに対する処置が遅れたため慢性植物状態になってしまうという事故が、何度か起きた。今から四十年以上も前、私も、この試験中の事故によって慢性植物状態になってしまった患者を二人受け持ったことがある。自分がおこした事故ではなかったのだが、枕辺に立つたび、いつも後ろめたい気持ちを覚えていた。かつては、低カリウム性周期性四肢麻痺が多く、全国のいたるところでこのインスリン負荷試験がなされたが、低血糖昏睡のために不幸な結果となる事故が相次いだため、今ではおこなわれていない。

糖尿病治療以外にもさまざまな目的のためのインスリンが使われているが、現在問題とされているのは、スポーツ選手のインスリン乱用である。なかでもボディービルディング選手の間では、筋肉量を増やすために炭水化物を食べてインスリンを注射するということがおこなわれているという。

また、インスリン治療中の患者が、必要量以上のインスリンを自己注射して、低血糖を自ら来たすということもある。四十年以上前に勤務していたある病院で、インスリンで治療中の若年性糖尿病患者が、夜間に頻繁に低血糖発作を生じるようになり、インスリン産生腫瘍が疑われて入院したことがあった。夜間のみに低血糖発作を繰り返すので、夜はブドウ糖の点滴をしながら眠るのだが、それでもたびたび低血糖を生じ、夜間当直にあたったときには、ブドウ糖の静脈注射のために病室に駆けつけることが頻繁にあった。当時はCTスキャンやMRIなどの画像検査法はまだなく、その女性患者は腹部の血管造影検査を受けた結果、膵臓のインスリン産生腫瘍の疑いがあるということで、摘出手術がおこなわれた。しかし開腹手術では膵臓に腫瘍は見つからなかった。それでも、周囲の脂肪組織に小さな腫瘍がある可能性が考えられたため、該当部位が摘出された。術後、低血糖発作は見事に消失し、手術は成功したかのように思われた。しかし、綿密な病理学的検索にもかかわらず、摘出された脂肪組織には腫瘍は全く見つからないという報告が返ってきて、みな狐につままれたような感じだった。そしてその頃から、再び夜間の低血糖発作がまた始まったのである。ここに至って、主治医はインスリン乱用の可能性を疑い、調べてみたところ、患者のベッドのマットの下にインスリンのバイアル（薬剤が入った小さなガラス瓶）が大量に隠されていた。患者はインスリンを自己注射して糖尿病の治療をしていたのだが、必要量以上を注射して、自ら低血糖発作を起こしていたのである。低血糖に陥っていくときの恍惚感の中毒症となって乱用していたらしい。術後に発作がなくなったのは、しばらくは自己注射ができなかったからだとわかって納得したが、真相を告げずに開腹手術まで受け、死と背中合わせのギリギリのインスリン投与をしていたこの患者には驚くばかりであった。

4　パスカル・キニャール『アルブキウス』
──ローマ時代の毒殺法──

〔…〕真夜中にふと目を覚ますと、床の傍らに夫がいない。中庭の隅でエジプトのグラスを手にして泣いている夫の姿を見つけた。なぜ夫婦の褥《しとね》を離れたのかと問い、眠れぬ訳は何かと尋ねた。夫は財産を失うくらいなら死にたいと答える。妻は、飲もうとしていたものは何かと問う。夫は死ぬための毒だと答える。妻はその飲み物の一部をわけてくださいと願い出る。ひとりで生きていこうとは思いませぬと言う。夫はグラスの半分を飲んだ。妻は残りを飲み干した。妻は苦悶の叫びをあげ、ひとり死んだ。女の残した遺言には、夫だけを相続人とする旨がしたためられていた。

（パスカル・キニャール『アルブキウス』高橋啓訳　青土社）

二十世紀フランスの作家キニャールの小説『アルブキウス』には、古代ローマの弁論家アルブキウスの「一部猛毒の飲み物」が引用されている。ポンペイウスにより財産を没収され、追放されることになった男の話である。冒頭に挙げた一節は「男は毒のところまで飲み、妻は毒を飲んだ」と続く。つまり、夫が手にしていたグラスの中は、比重の重い液体が下層に、比重の軽い液体が上層に重層しており、毒物は比重の重い液体のみに溶解していたということになる。二千年以上も前に、このような高度なテクニックを用いた殺人がおこなわれていたことには驚かされるが、さてこの毒杯のしかけはどうなっていたのであろうか。

古代ギリシア・ローマ時代、殺人のために使われた毒としてすぐ思い出されるのは、ソクラテスが飲まされたという毒ニンジンであろう。アテネの雄弁家デモステネスもまた、毒ニンジンで自殺したと言われている。

毒ニンジンはセリ科の植物で、パセリに似た葉を持つことから毒パセリとも呼ばれている。どの部分にも毒性があるが、特に毒性が強いのは根と種子で、毒の主成分であるコニインというアルカロイドが多く含まれている。毒ニンジンを服用すると、ニコチン作用によって悪心・嘔吐と口渇、瞳孔散大、下肢から上肢、顔面へと上行する運動麻痺と感覚障害、痙攣、呼吸筋麻痺を生じる。中毒症状の経過は服用量によって異なるが、三十分から一時間ほどで死に至るという。コニインは水、特に温水に溶けにくいが、アルコールには容易に溶ける。この性質を利用して、純度の高いアルコールに溶かした毒ニンジンの上に微温湯を重層すれば、毒殺が可能になる。しかし、よほど注意して微温湯を注がないと、毒を含んだ下のアルコール層と混ざってしまい、自らの命を失うことにもなりかねず、きわめてリスクが高い。そのうえ、蒸留法がなかったローマ時代には、純度の高いアルコールは得られなかったはずであるから、この方法で妻殺しの毒杯をつくるのは容易ではない。

ソクラテスが飲まされたのは毒ニンジンではなく、毒ゼリだったという説もある。毒ゼリの主成分はよくわかっていないが、毒ニンジンと同様、セリ科の植物で、中毒症状も毒ニンジンに似ているので、同じようなニコチン作用を持つアルカロイドが含まれているのであろう。

この他、殺人に使われた植物毒には、トリカブトとトウゴマ（ヒマ）がある。トリカブトは附子《ぶし》という名でわが国でも古来よく知られた毒であり、樺太から北海道のアイヌ族はこれを矢毒として用いた。主成分はアコニチンというアルカロイドで、矢や匕首などに塗って相手を刺して直接血液内に入れれば猛毒となり、殺人に用いることが可能である。ハムレットを殺した剣に塗られていたのは、このトリカブトかもしれない。しかし、口から入った場合は、舌が痺れたり口の中が熱くなったりすることはあっても、そう簡単に死に至ることはない。

トウゴマの種子からとれるリシンも猛毒で、一九七八年、ロンドンでは、共産圏のスパイと見られる男が、リシンをつけた雨傘の先端で股を突かれて暗殺されている。しかし、このトウゴマも、やはり口から入った場合は強い毒性はない。こうしてみると、植物由来の毒では、アルブキウスが記述したような殺人を実行することは難しそうである。

古来、殺人に用いられた毒物としては、水銀とヒ素が知られている。古代アッシリア人は、鉱物の石黄を焼いたときに煙道に付着する白い物質、三酸化ヒ素が猛毒であることも知っていた。ローマ時代には、この三酸化ヒ素を用いた殺人が少なくなかったようである。

三酸化ヒ素を使いこなしたことで有名なのは、皇帝ネロの母アグリッピナである。『毒性元素』の著者ジョン・エムズリーによれば、彼女はまず自分の夫と皇帝クラウディウスの妻バレリアを毒殺し、クラウディウス帝と結婚する。次いでクラウディウスの世継ぎのブリタンニクスを毒殺し、息子ネロをクラウディウス帝の世継ぎとする。そして最後に、クラウディウス皇帝を毒殺し、十六歳の息子ネロを皇帝の座につけた。四人の重要人物を次々に殺していったアグリッピナは、三酸化ヒ素の見事な使い手であったと言えるだろう。しかし彼女は、皇帝になった息子に疎まれ、その命により殺された。

ヒ素は、わが国では、江戸時代の殺鼠剤「石見銀山ねずみ取り」、近年では和歌山のヒ素入りカレー事件でも社会を騒がせた。無味無臭のヒ素は、洋の東西を問わず広く用いられた毒殺用の凶器である。中国文学の中でも、砒霜《ひそう》と呼ばれる三酸化ヒ素が、殺人用によく使われている。砒霜は水に溶かすと亜ヒ酸となり、強い毒性を発する。しかも溶け残った三酸化ヒ素は下に沈殿する。

これを使って、アルブキウスの毒をつくることはできないだろうか。たとえば、三酸化ヒ素の粉末にまず水を注ぎ、その亜ヒ酸水溶液の上に、オリーブ油を重層してみたらどうだろう。当然、水層と油層の間にははっきりとした境界ができ、透明なグラスに入れればすぐにわかるはずである。しかし、暗い夜の中庭で夫が手にした彩色のエジプトグラス内の液体を見た妻には、水層と油層の境界は見えない。夫はオリーブ油のみの部分を飲み、妻は沈殿した三酸化ヒ素ごと亜ヒ酸水溶液を飲み干す。この方法ならば殺人が成立しそうである。

私がパスカル・キニャールに興味を持つようになったのは、アラン・コルノー監督の映画『めぐり逢う朝』を見てからである。ルイ大王の時代に生きた実在のバス・ヴィオール（ヴィオラ・ダ・ガンバ）奏者マラン・マレーを主人公とするこの映画は、ジェラール・ドパルデューと息子のギヨーム・ドパルデューが、それぞれマレーの壮年期と青年期を演じるという素晴らしいキャスティング。そして映画の中で繰り返し奏でられるジョルディ・サバールの美しいヴィオールの音色が強く印象に残る美しい作品だった。映画を見終わった私は、すぐに映画の原作となったキニャールの作品を読み、それ以来、この特異な作家に注目するようになった。キニャールは作家であると同時に、バロック音楽の専門家でもあり、『めぐり逢う朝』はまさにその経歴にふさわしい作品であった。

私がキニャールの作品の中で最も興味を持つのは、『音楽への憎しみ』である。音楽をこよなく愛するはずのこの作家が、なぜこのような作品を書いたのだろうか。訝《いぶか》しい思いを抱きつつ読み始めたが、作家の意図はすぐに理解できた。ナチスの強制収容所では、収容されたユダヤ人による音楽隊が組織され、ワグナー、シューベルト、ブラームスが演奏された。ここで演奏されたシューベルトの〈ロザムンデ〉を聴いた収容所からの生還者には、これが「地獄のような音楽」に聞こえるのである。ナチスが好んで演奏させたワグナーの〈ワルキューレの騎行〉は、フランシス・コッポラ監督の映画『地獄の黙示録』でも、ベトナムの農村を焼き払っていく米軍機の伴奏音楽として実に効果的に用いられた。キニャールは、「耳にはまぶたがない」と書いているが、地獄のような場面で否応なしに聴かされた音楽は、耐え難い苦痛の思い出と共に、記憶の底に残る。音楽は美しく感動的であるがゆえに、逆に拭い去ることのできない苦痛の記憶を固定化してしまう。『音楽への憎しみ』は、このような皮肉な運命に翻弄され、汚名を着せられることになってしまった音楽に対する、キニャールの鎮魂歌なのかもしれない。

ロベルト・ベニーニ監督・主演のイタリア映画『ライフ・イズ・ビューティフル』では、ナチスの強制収容所に囚われた主人公が、同じ収容所に囚われているはずの愛する妻に聴かせようと思い出の曲のレコードをかけ、拡声器で収容所内に響き渡らせる場面がある。曲は、オッフェンバックのオペラ〈ホフマン物語〉で歌われる甘美な二重唱の〈舟歌〉だった。キニャールの『音楽への憎しみ』を読んでいた私には、ベニーニがなぜこの曲を選んだのかがわかるような気がした。〈ワルキューレの騎行〉の作曲者ワグナーはオッフェンバックと同世代の作曲家である。ひと旗上げようとパリにやってきたワグナーを一蹴して花の都から追い払ったのは、当時の劇場を湧かせていたオペレッタの音楽だった。〈ワルキューレの騎行〉も〈舟歌〉も場面の中心は女性である。しかし、その女性たちのシーンはあくまでも対照的である。鎧に身を固め、槍を手にして天空を駆けめぐるワルキューレと、〈舟歌〉を歌う娼婦のジュリエッタ。これほどまで極端に対照的な音楽はないだろう。心ならずもナチスによる多くの残虐行為に手を貸してしまった〈ワルキューレの騎行〉に対する憎しみが、ベニーニの心の中にも潜んでいたのではないだろうか。そのことが、ワグナーをパリから追い払ったオペレッタの名曲、ホフマンの〈舟歌〉を響き渡らせるというアイデアに結びついたのではなかろうか。

5 ギュスターヴ・フロベール『ボヴァリー夫人』

――ヒ素中毒――

　エマは間もなく血を吐いた。唇はさらに引き締まった。手足は痙攣し、全身に褐色の斑点《はんてん》があらわれた。脈搏ははりつめた糸のように、今にも切れそうなハープの弦のように、指の下を走った。

（ギュスターヴ・フロベール『ボヴァリー夫人』生島遼一訳　新潮文庫）

　父の蔵書を片っ端から読み始めた中学生の頃、書架の中でなんとなく手を出しにくかった本が何冊かあった。大部分は、タイトルからみてもあまりにも難解な感じがして、どうせおもしろくないはずだと思って近寄らなかったものだったが、その他に、自分はまだ読んではいけないのではないかと感じていた本がいくつかあった。その中で最も印象に残っているのが、『ボヴァリー夫人』である。父は、どんな本にも蔵書印と日付を入れ、自分で紙カバーをかけて背には毛筆で書名を記していた。文庫本だった『ボヴァリー夫人』も、カバーの背に書かれた書名だけしか見ていなかったのだが、なんとなくいかがわしい感じがして、読むのをためらっていたのである。『ボヴァリー夫人』は、しばらくの間、積極的に脳裏から消し去られていたように思う。

その禁断の書であった『ボヴァリー夫人』を、ようやく読むようになったのは、高校生になってからだった。実際読んでみると、そんなにいかがわしい内容ではなかったが、違った意味で、この小説は危険な世界を見せてくれた。読み進みながら、作者フロベールが、ヒロインであるエマ・ボヴァリーの破壊的な行動に待ったをかけて、もうこのへんで止めさせてくれればいいのにと、いくたび思ったことだろうか。そんな若き読者の願いを無視して、エマに引き返すチャンスを与えず、破滅に追い込んでいくフロベールの冷酷さを、その頃の私は、どうしても好きにはなれなかった。嫌悪感の頂点にあったのが、ヒ素という毒物による死の描写であった。エマがヒ素を飲んでから死に至る場面は、私にとって最もショッキングな箇所だった。この本になんとなく感じていたいかがわしさは消え失せたが、それと引き換えに、小説の中とはいえ過酷な実験を強いる非情な作家フロベールの名前と、恐ろしい毒薬としてのヒ素の存在が、私の脳裏に深く刻み込まれることになったのである。

他殺、自殺を問わず、人を死に至らしめる際に古来最もポピュラーに用いられたのはヒ素であろう。古代ローマでも、ヒ素は殺人事件に頻用され、しかも抜群の効果をあげたようだ。そう考えると、エマ・ボヴァリーの自殺は実に古典的な方法に依ったものだった。しかし、ヒ素が最も効果的に用いられたのは、自殺よりはやはり殺人であろう。意図的に使用されるヒ素殺人は、その事件性ゆえに有名になるが、意図されない状況下では、必ずしも世に知られないで終わってしまうことが少なくない。

意図せざるヒ素中毒死として注目を集めるようになったのは、セント・ヘレナ島で亡くなったナポレオン・ボナパルトの死因をめぐる説である。十九世紀から二十一世紀初頭まで、何度かくり返されたナポレオンの毛髪の分析では、大量のヒ素が検出された。その含量は、ナポレオンの死がヒ素中毒によるものであったと考えることが妥当なほどであるという。それが事実だとすると、それほどの量のヒ素はいったいどのようにしてナポレオンの体内に入ったのだろうか。英国政府、もしくはナポレオンの母国フランス政府からの指示により、誰かが意図的にヒ素を盛ったのだろうか。あるいは、便秘に悩むナポレオンが服用していた薬によるものだろうか。諸説ある中で、最近浮かび上がってきたのが、壁紙による非意図的なヒ素中毒説である。

十八世紀の終わり頃、ドイツの化学者カール・ヴィルヘルム・シェーレがスウェーデンで合成した緑色物質、亜ヒ酸銅は、「シェーレグリーン」と呼ばれ、絵の具や印刷用インクとして広く使われるようになった。十九世紀には、このシェーレグリーンに対抗して「エメラルドグリーン」という顔料が登場した。エメラルドグリーンもまた酢酸亜ヒ酸銅というヒ素を含む銅化合物で、いずれも毒性の強い物質であった。

一方、十九世紀のヨーロッパでは、ブルジョワ市民社会の成立とともに、市民生活の中に美的意識が芽生えてきた。その表れのひとつが壁紙である。特に好まれた花柄の壁紙では、緑色の顔料、ことにシェーレグリーンはうってつけであった。これらの壁紙が、湿ると異臭を放つようになることに気づいた人々は、その危険性を指摘したが、一方で、ヒ素入り壁紙を使うと南京虫が激減することや、微量のヒ素は美容に良いという俗説もあったため、この警告に耳を貸す者はほとんどいなかった。

そんな中、一八九〇年、イタリアの医師バルトロメオ・ゴシオは、一千例の小児の死亡例を調査し、ヒ素系顔料を含む壁紙、湿気、そして糸状菌や細菌によるガスの産生の間に関係のあることを発見した。ゴシオは、原因と考えられる壁紙には、一平方メートルあたり七百ミリグラムのヒ素が含まれていることを示し、ここからニンニク臭のする有毒ガスが出ることを突き止めた。壁紙に使われていた緑の顔料が、そこにすみついた微生物によって分解されて有毒ガスを生じ、これが多くの子供の命を奪っていたということが判明したのである。このガスの本態がトリメチルアルシンという物質であることがわかったのは、それからさらに四十年以上を経過した一九三二年のことであった。

ナポレオンがセント・ヘレナ島に送られたのは一八一五年、亡くなったのは六年後の一八二一年である。この間暮らした住居の壁紙には、緑色と茶色の菱形模様が描かれていたという。セント・ヘレナ島は湿気が多い。この壁紙にシェーレグリーンのようなヒ素系顔料が使われていたとすれば、毎日トリメチルアルシンを吸ってヒ素中毒にかかり、それが原因で亡くなった可能性は十分にある。

室内を美しく飾る壁紙が、知らずして死の原因となったというきわめておぞましい話に、ひとりの著名な環境擁護者の名前を付け加えねばならないということは、いささか残念なことである。ヴィクトリア朝の英国を代表する知の巨人ウィリアム・モリスは、画家、建築家、デザイナー、詩人、作家、出版人として活躍する一方、古い建造物の保存運動や自然環境保護を訴えた社会主義活動家であり、また、英国の自然保護運動の先頭に立って当局と戦った闘士でもあった。モリスの社会主義のモットーのひとつは、「健康的で美しい住居の保証」であった。生活を取り囲む環境は美しくあらねばならないと考えたモリスは、友人たちとモリス・マーシャル・フォークナー商会を設立し、ステンドグラス、家具、調度、食器、タイル、刺繍、壁紙、テキスタイルなどの製作販売を開始する。商品のデザインはモリス自身が担当した。彼らが世に出したのは、「家の中で役に立つ美しいもの」であった。近代資本主義の下で飛躍的な経済的成長を遂げたヴィクトリア朝の裕福な市民たちは、自宅に美しい空間をつくり上げることに熱心であった。モリス・マーシャル・フォークナー商会の扱った商品の中で、人気を博したもののひとつは壁紙である。一八六二年に発表された壁紙「格子文様《トレリス》」は、たいへんな人気を博したが、この壁紙に使われていたのがシェーレグリーンであった。

ウィリアム・モリスの壁紙「格子（トレリス）文様」。幹と葉が緑に染められている。

壁紙の成功は、モリスに二重の利益をもたらした。投資家であったモリスの父は、銅鉱山会社の株を息子に残したが、この銅鉱山から出る廃棄物から大量のヒ素が採れることがわかり、英国最大のヒ素産出会社となっていた。つまり、シェーレグリーンを使用した壁紙が売れれば売れるほど、この会社の大株主であるモリスは二重に利益を得ることになったのである。

トレリス文様の壁紙によって、いったいどのくらいの人々がヒ素中毒に罹患し、どれほどの数の死者が出たのか、はっきりした数字はわかっていない。モリス自身は、自分の壁紙が家庭内での恐ろしい毒物の発生源となることを否定したという。自然を愛し、自然保護運動を強力に進めたモリスが、自らの作り出す美しい壁紙により室内を有毒ガスで充満させていたのだとしたら、きわめて皮肉なことである。

かつて、今はもう閉館してしまった長野県御代田のメルシャン軽井沢美術館で開催中のモリス展を見に行ったことがある。二階には、モリスのデザインした壁紙と調度品によるヴィクトリア朝の部屋が展示してあった。壁紙は格子文様《トレリス》ではなかったが、当時の室内の雰囲気を十分に味わうことができた。このような落ち着いた空間がヒ素のガスで汚染されていたとは、とても想像できないほど美しい部屋だった。

6　アガサ・クリスティー『蒼ざめた馬』
――タリウム中毒――

「奥様も本当にお気の毒なこと、あんなふうになってしまわれるなんて。脳にあんなものができてしまって、腫瘍とかいうお話でしたけど、それまではお元気でぴんぴんしていらしたんですよ。療養所に入院なさってからのご様子ときたら、もう痛々しいかぎりで、髪の毛なんかも、それまではふさふさしたきれいな白い髪で、二週間おきに青く染めてらしたんですけど、それが抜けて枕の上に散らばっているんですもの。手で引き抜いたみたいにごっそりと」

（アガサ・クリスティー『蒼ざめた馬』高橋恭美子訳　早川書房）

その昔、私はニューヨークの病院に留学していたが、その英語力たるや、ひどいものだった。相手の言うことがなかなか理解できないから何度も聞き返し、こちらの話すことは通じないというよりは間違って通じてしまう。研究室の電話が鳴ると、誰かが受話器を取ってくれないかと期待してひと呼吸待つのだが、結局は電話に一番近い私がとらざるを得ず、いつも冷や汗をかきながら応対していた。

あるとき、患者の病理診断のことで、たまたま隣にいた一般病理の研修医に質問したところ、わけのわからない言葉が返ってきた。何度聞き返しても聞き取れない。やりとりをそばで聞いていた日本人の友人が、「おい、患者が男か女か聞いているんだから、答えてやれよ」と助け舟を出してくれた。〝Man or woman?〟という、たったそれだけのことが聞き取れなかったわけで、情けなさに自分でもあきれ果ててしまった。

病院のそばに「バーガーキング」というハンバーガー・ショップがあり、よく昼食を買いに行った。ハンバーガーとコーヒーを注文すると、出てくるのは必ずハンバーガーとコカコーラ。〝No, coffee!〟と大声で怒鳴ると、コカコーラが引っ込んでコーヒーが出てくる。毎回同じことが繰り返されたが、私の発音のせいだということだけは自覚していた。ある日、私の研究室に日本から友人が訪ねてきた。私は彼をかついでやろうとたくらみ「バーガーキング」に誘った。そして「ここはおもしろい店でね、コーヒーを注文するとコカコーラがくるんだよ」と言って、コーヒーを二つ注文した。早速出てきた二つのコカコーラに対し、〝No, coffee!〟と叫んだところ、いつもの通りコカコーラがコーヒーに変わった。自慢気にコーヒーを手渡す私に対し、友人は「へー、おもしろいね」と反応してわたしを喜ばせてくれたが、実際は「こんなひどい発音でコーヒーがでてくるとは驚きだ」という皮肉だったのかもしれない。

英語に対してひどい劣等感を持っていた私を慰めてくれたのは、アルゼンチン出身の研修医エンリーケだった。「お前よりもっともっとひどい英語をしゃべる研修医だっているよ」と言ってくれたのである。実際、ニューヨークでは、ありとあらゆるへんてこな英語がまかり通っていたし、私がどんなにひどい英語をしゃべろうとも、誰も不思議な顔もせずに聞きとってくれた。それどころか、誰もわたしの英語の間違いを直してくれなかった。だから、二年以上も米国で暮らしながら、いまだに私の英語は間違いだらけである。何でもありのニューヨークに留学したのでは、少なくとも英語は上手にはならない。

そんな私の英語の劣等感を解消してくれたのは、アガサ・クリスティーの作品だった。ある晩、テレビでドラマ『オリエント急行殺人事件』が放映された。雪に閉じ込められたオリエント急行の車内で起こった殺人事件の奇妙な謎を、おなじみのエルキュール・ポワロが見事に解き明かしていくミステリー。そのとき、私はまだ原作を読んではいなかったが、デヴィッド・スーシェ演ずるポワロの謎解きにすっかり夢中になった。翌日の研究室で、このドラマの話が出た。「僕も見たよ」と言ったとたん、アメリカ生まれのアメリカ人研修医が私に尋ねた。「いったい本当の犯人は誰だったんだ？　僕にはよくわからなかったが、お前はわかったのか？」。彼の質問に下手くそな英語で答えながら、私は自分の英語能力に対する劣等感が急速に薄れていくことを感じていた。「言葉が全てではない」という単純な結論を再発見したのである。そんなことから、私はアガサ・クリスティーに対する親近感を深めていった。

クリスティーはコナン・ドイルのシャーロック・ホームズ・シリーズを愛読し、ミステリー作家になったという。推理小説の根底に流れる思考過程と臨床医学における診断学の思考過程は本来同じである。シャーロック・ホームズのモデルは、作者ドイルがエディンバラ大学で医学を学んだときの恩師ジョセフ・ベル教授と言われている。ベル教授は外科医だったが、診察に訪れる患者の病気の診断をするだけでなく、患者と語りながら、その患者がどの村の出身で、どの道を通って病院までやってきたかということまで、ぴたりと言い当てる名人であった。その印象が、やがてホームズという名探偵を生み出していく。

臨床診断学的思考も、事件の謎を解く探偵の思考も、観察という行為を通して得られた事実情報に基づいて推理をし、病気や事件のプロセスを再構築していくという点で共通している。名探偵も名医も、同じ思考過程をたどらなければ成立しない。つまり、私たち臨床医にとって、シャーロック・ホームズやエルキュール・ポワロ、そしてミス・マープルは、いわば同業者なのである。

さて、クリスティー作品に登場する謎解き人物としては、ポワロとミス・マープルが有名であるが、『蒼ざめた馬』には、そのどちらも登場してこない。代わって出てくるのは、推理小説家のアリアドニ・オリヴァ夫人である。しかし彼女は殺人事件の謎解きには全く役に立っていない。ポワロやミス・マープルに比べると、完全に狂言回しに徹したキャラクターである。一九六一年に発表された『蒼ざめた馬』では、連続殺人の原因がタリウムであることを解明する推理でキーパーソンを演じている。

オリヴァ夫人の女友達が不審死を遂げる。冒頭に引用したのは、メイドが女主人の病状について語った内容を、オリヴァ夫人が学者マーク・イースターブルックに電話で告げる場面である。推理小説家でありながら推理力が欠如しているオリヴァ夫人は、自分の言葉が重大な意味を持つことに全く気づいていない。しかし、これを聞いたマークは、連続殺人の犠牲者には、脱毛という共通点のあることに気づき、そこから原因物質のタリウムにたどり着く。それと同時に、連続殺人の原因追及の囮となった恋人ジンジャーが、そのとき紛れもないタリウム中毒に罹ってしまっていることに気づく。オリヴァ夫人のこの電話は、危機一髪のところでジンジャーの命を救うことになる。

クリスティーは病院の薬局で働いた経験があり、彼女の作品に毒殺事件が出てくるのは不思議ではない。一九二〇に出版されたデビュー作『スタイルズ荘の怪事件』で、すでにストリキニーネによる毒殺が扱われ、中毒症状や、摂取してから症状が出現するまでの経過時間、味、そして臭化カリウムと混ぜた場合の溶解度の変化などが、実に正確かつ巧妙に描かれている。

『蒼ざめた馬』で使用されたタリウムは、十九世紀の終わり頃から脱毛やタムシの治療薬として内服されていた。しかし副作用が強かったため、二十世紀に入ると脱毛用の塗布薬として使われるようになり、その後、殺虫薬としても使用されるようになった。一九七七年、中東でタリウムの殺虫剤を誤飲した幼児が原因不明の昏睡を生じ、ロンドンの病院に転送されてきた。医師たちにも病名の診断がつかなかったが、『蒼ざめた馬』を読んでいた看護師がタリウム中毒ではないかと言い出した。尿の分析をしたところ、まさしくタリウム中毒と診断され、適切な治療を受けた幼児は命が救われたという。クリスティーがこの小説で取り上げたタリウム中毒の記載が、いかに正確であったかがうかがえる。

タリウムは殺人にも使用されている。タリウム殺人事件で最も有名なのは、二十世紀なかば、少なくとも十三人にタリウムを盛ったと言われる連続殺人犯グレアム・ヤングであろう。イラクの独裁者サダム・フセインもタリウムで反対勢力を始末したと言われているし、南アフリカ共和国の大統領になったネルソン・マンデラは、アパルトヘイト時代に監獄に幽閉されていた頃、タリウムで毒殺されそうになった。

ただここで、タリウムの名誉のためにひとこと述べておきたい。今日、虚血性心疾患の診断に欠かすことのできない心筋シンチグラフィ検査では、ごく微量の放射性タリウムが用いられる。タリウム・シンチグラフィによって心筋梗塞による急死から救われた命の数は、タリウム殺人で失われた命の数とは比べ物にならないほど多いことは間違いない。

さて、クリスティーの作品に登場する人物について、仕事柄、私が最も関心をもつのはポワロがしばしば口にする「灰色の脳細胞（the little grey cells)」という言葉である。この言葉が最初に現れるのは、『スタイルズ荘の怪事件』である。一九〇六年のノーベル医学生理学賞は、神経細胞の形態を明らかにしたカミッロ・ゴルジとサンティアゴ・ラモン・イ・カハールに与えられた。ゴルジによって考案された神経細胞の染色法（ゴルジ法）で染められた脳の組織を顕微鏡下で見ると、脳の細胞は透明な背景に黒いシルエットとして浮かびあがる。このような方法で神経細胞を詳細に観察したカハールは、数々の印象的な図を描き、今日われわれが持っているような脳細胞のイメージを完成させた。クリスティーのつくり出した「灰色の脳細胞」なる言葉は、ひょっとすると、彼女がどこかで、このゴルジ法で染められたヒトの脳細胞の図を見たことによるのではないかと思っている。

7　ウンベルト・エーコ『薔薇の名前』

――推理小説と症候学――

「せっかくの追跡を中断されてまで、わざわざご挨拶いただいて、まことに恐縮です。しかし案ずるには及びませぬぞ。馬はここを通って右手の小径に入りましたから、そう遠くへは行けないでしょう。どうせ堆肥《つみごえ》置場まで行けば立ち往生するでしょうから。利巧なあの馬のことゆえ、切り立つ崖から落ちるような真似はしないでしょう……」

「いつ、ご覧になられたのですか？」厨房係がたずねた。

「いや、見たわけではない。そうだな、アドソ？」ウィリアムは私のほうを振り返って、おかしそうに答えた。「だがブルネッロをお探しならば、あいつはたしかに、いまわたしが申しあげたところへ、行っているはずだ」

（ウンベルト・エーコ『薔薇の名前（上）』河島英昭訳　東京創元社）


小説家としてのウンベルト・エーコを知ったのは、加藤周一先生が『夕陽妄語』に書かれた「エーコの『薔薇の名前』を読んだらとてもおもしろかった」という一節がきっかけだった。

早速、紹介されていたウィリアム・ウェーバー訳の英語版を買って読み始めたところ、そのおもしろさにどっぷりと漬かってしまった。それ以来、エーコ・ファンになり、『フーコーの振子』『前日島』と英訳本が出るたびに買って読んだ。本当は原書で読みたかったのだが、イタリア語で読みこなすだけの勇気はとてもなく、英訳本で読まざるを得なかったわけだが、実際には、ラテン語、ドイツ語、フランス語、さらにわけのわからない言語までさまざまな言葉がちりばめられており、英訳本では翻訳されていないそれらの短い表現を読み解くおもしろさも手伝って、ついつい読みふけってしまった。

実は私にとって、エーコの名前は、『薔薇の名前』が発表されるよりずっと以前から、なじみ深い存在であった。エーコの『記号論』は、私の愛読書のひとつだったからである。『薔薇の名前』の作家としてエーコの名前を聞いたとき、『記号論』のエーコとの関係が理解できずに同姓同名の別人かと思っていたが、『薔薇の名前』を読み始めたとたんに、両者は全く同一の思考過程を持つ同じ人物であることがすぐに理解できた。

冒頭の引用は、一連の事件の謎解き役、フランシスコ会修道士バスカヴィルのウィリアムが、事件の現場である山の上の修道院につく直前、逃げ出した馬を追ってきた修道士たちと出会ったときの場面である。道すがら観察していた事項に基づいて、目撃していない出来事について正確に推理するウィリアムの言葉に、人々は驚く。このエピソードは、ヴォルテールの小話『ザディーグまたは運命』を彷彿とさせる。逃げ出したバビロン王の馬と王妃の雌犬を追ってくる廷臣たちに、見てもいない馬と犬の特徴をザディーグがこと細かに述べるので、彼こそが盗んだ犯人ではないかと疑われる。しかしそれらの叙述は、森の散歩道でザディーグが観察した事実に基づく見事な推理によるものとわかり、人々は驚嘆する。エーコはおそらくこのエピソードを踏まえて、ウィリアムの場面を描き出したのであろう。

しかし『薔薇の名前』のこの場面を読んだ私がとっさに思い出したのは、コナン・ドイルの師ジョセフ・ベル教授の診察のエピソードである。ベル教授は、実在したエディンバラ大学の外科学教授で、医学生だったコナン・ドイルに強い印象を与えた。名探偵シャーロック・ホームズは、このベル教授をモデルに生まれたのである。ベル教授の診察の現場は、次のように描かれている。

小さな子供を抱いた女が入ってきた。ジョー・ベルがおはようと声をかけると、女の方もおはようござぇいしてと返事をした。

「バーンティスランドからん道、どんじゃった?」

「ようかったです」

「インヴァリース・ロウの道もようかったかね?」

「はあ」

「もう一人ん子は、どうしたね?」

「リースの妹んち、預けて来ました」

「リノリウム工場にまだ出とるんかね？」

「はあ、先生」

「いいかね、諸君。今の女性がおはようごぜいしてと答えたときに、私はファイフ地方のアクセントに気がついた。ファイフで一番近い町といえば、バーンティスランドだからね。靴の底の方に赤粘土がついていたけれども、エディンバラ周辺二十マイルで、あの手の赤粘土があるのは植物園だけだね。インヴァリース・ロウは植物園と境を接していて、リースからの一番の近道になる。それに彼女の持っていた外套は、連れて来た子供用には大きすぎたから、家を出るときは二人連れていたんじゃないかと思ったわけだ。それから最後に右手の指の皮膚炎、あれはバーンティスランドのリノリウム工場で働く連中に特有のものでね」


（T・A・シービオク、J・ユミカー＝シービオク『シャーロック・ホームズの記号論――C・S・パースとホームズの比較研究』富山太佳夫訳　岩波現代選書）

推理小説というジャンルの文学作品が書かれるようになったのは、十九世紀半ばのことであり、一八四一年に発表されたエドガー・アラン・ポーの『モルグ街の殺人』がその嚆矢であった。この小説で見事な謎解きをしたC・オーギュスト・デュパンは、世界最初の名探偵として歴史的な人物となった。それから一世紀半の間に、多くの作家たちが次々と有名な謎解き名人を生み出した。シャーロック・ホームズ、エルキュール・ポワロとミス・マープル、メグレ警視、ブラウン神父、刑事コロンボ……。いずれも、きわめて個性的な謎解き名人たちであり、彼らがもつれた糸をほぐすように解き明かしていく難解な事件の数々は、いつも私をわくわくさせてくれる。その理由のひとつは、推理こそ臨床医の仕事であると、私が信じているからである。ここに挙げたような謎解き名人たちは、決して大がかりな科学的検査機器を駆使して事件を解決していくわけではない。事件の関係者の話を聞き、質問し、そしてどんなに些細に思われることでも注意深く観察する。この手法は、われわれ臨床医が日頃おこっている問診や診察と、全く同じなのである。

こうした謎解き名人の周りには、たいていの場合、一般的な手法で事件に取り組み、名人と謎解きを競う警察官がいるが、彼らがどんなに近代的な科学捜査の手法を用いても、謎解き名人の推理の力にはかなわない。これは、詳細な血液検査や電気生理検査、あるいはMRIやPETスキャンのような高度の画像技術などを用いて病気の診断をしようとする現代の神経内科医と、問診という形で患者の語るところに耳を傾け、患者の立ち居振る舞いを注意深く観察しながら、ハンマーと音叉、ピンや筆などの簡単な古典的道具だけを用いて診断に迫ろうとする古い時代の神経内科医の対決を目の当たりにするように思えてならない。私自身はもちろん古びた神経内科医なので、これらの推理小説で、徒手空拳の謎解き名人たちが見事な勝利を収めるのを痛快に思っている。

問診と診察に基づく臨床診断学が生まれたのは十九世紀なかば、推理小説が書かれるようになったのとほぼ同時期である。古典的な内科診察法である打診法と聴診法が確立したのは十九世紀初頭、神経内科学の生みの親であるジャン＝マルタン・シャルコーが、パリのサルペトリエール病院において、系統的問診法の見事な方法論を確立していったのは一八六〇年代。このように、思考過程を同じくする臨床的推理と推理小説が、ほぼ同時に誕生したのは偶然の一致ではない。

臨床医学において、患者の訴える症状（symptom）を聞き出し、診察によって異常所見、すなわち徴候（sign）を観察する方法論は、症候学（semeiology / semiology）と呼ばれる。この語はギリシャ語の「記号」を表すsemeionという語からきているのだが、同じsemeiology, semiologyという語は、一方では記号学という学問体系も意味している。日本語の「症候学」「記号学」は、西欧語では全く同じものなのである。実際、『薔薇の名前』の謎解き名人ウィリアムは、一つひとつの事項を記号として読み解かねばならないと、助手のアドソに教える。これはまさしく、臨床医学における症候学と全く同じ方法論である。

私は小説家よりも記号学者としてのエーコを先に知っていたが、エーコは、記号学（semiology）でなく記号論（semiotics）という用語を使っている。これには大きな理由がある。「記号学」は、スイスの記号学者フェルディナン・ド・ソシュールを始めとする言語を対象とした記号解読の研究を進める人々が用いてきた。これに対し、言語のみでなくもっと広い範囲の記号を研究対象として扱う研究者たちは、自分たちの学問体系を「記号論」と呼んだ。この学派の祖とされるチャールズ・S・パースは、名探偵としての一面も持ち合わせており、ボストンからニューヨークまでの航海中に紛失したコートと時計を盗んだ犯人を、得意の推理で探し出し、盗まれたものを取り戻したという。

記号解読という意味から推理小説の研究を推し進めてきたのは、これらの記号論学者たちであり、エーコももちろんその一人であった。したがって、エーコが生み出したウィリアムが、シャーロック・ホームズ、あるいはそのモデルとして知られるジョセフ・ベルを彷彿とさせるのは、考えてみれば当然のことである。ウィリアムの出身地バスカヴィルも、ホームズの事件『バスカヴィル家の犬』に由来していることは明々白々だ。

ところで、『薔薇の名前』の中で私が最も興味をそそられるのは、ストーリーの中で紹介される先代の僧院長、パーオロ・ダ・リーミニの病態である。どんな言語で書かれた書物でも読める稀代の読書家であったにもかかわらず、文字が書けず、「失書症の僧院長（Abbas agraphicus）」と呼ばれていたとされている。名前からして罪ありそうなこの人物の病態は何だったのであろうか。子供の頃から字が書けない発達性の失書症だったたすれば、僧院長の座にまで上ることは不可能だったであろう。そうであれば、後天的な純粋失書であろうから、責任病巣は左中前頭回または左頭頂間溝ということになる。突然に生じた病変ではないとしたら、その付近の大脳皮質を圧迫する髄膜腫でもあったのだろうか。

8　バーナード・ショー『ウォレン夫人の職業』
――鉛中毒――

「まあ、お聞き。二人のうちの一人は毎日十二時間、鉛工場で働いていたよ、一週九シリングもらってさ。だけど、とうとう鉛毒にやられて死んじまったよ。手がちっとばかし痺《しび》れたようだと言ってたけど、死んじまったね。」
（『世界文学大系90　近代劇集』所収　小津次郎訳　筑摩書房）

バーナード・ショーの戯曲『ウォレン夫人の職業』で、ウォレン夫人が自分の腹違いの姉妹について述べている場面である。

ヴィクトリア朝の英国では、輝かしい産業革命のもとで光と影がはっきりと現れていた。華やかなブルジョア生活を謳歌する人々を支えていたのは、貧しい人々の苛酷な労働であった。そこには、過剰な拘束時間や、厳しい労働条件だけでなく、劣悪な環境によって引き起こされる数多くの職業性の疾患が渦巻いていた。

なかでも、毒性物質を扱う職業に特有の産業性中毒は、当時、発生しつつあった都市公害とともに、大きな社会問題となっていった。そのひとつに鉛毒があった。もっとも、鉛毒は、産業革命のずっと以前から知られている産業性中毒である。鉛を扱う職人に発症する慢性鉛中毒は、多くの場合、末梢神経障害として現れる。特に上肢に著しく、手首の背屈ができなくなったり、両手の手指、特に親指、中指、薬指の三本の指が伸びなくなるという「垂れ手」と呼ばれる症状が見られたりする。しかし鉛麻痺だけでは、死に至ることはない。ウォレン夫人の妹が亡くなったのは、慢性鉛中毒で生じる重篤な貧血や胃腸障害のためだろう。

鉛中毒にはもうひとつ別の顔がある。急性鉛中毒による脳の障害、すなわち鉛脳症である。鉛脳症は幼少児に特有の中毒で、しかも発症が超急性かつ致命率がきわめて高い恐ろしい病態である。

私がニューヨークのモンテフィオーレ病院の病理学研究室で働いていた頃、恩師の平野朝雄先生からヒトの鉛中毒の病理学的研究について調べることを依頼された。平野先生は、脳の鉛中毒、つまり鉛脳症の発症メカニズムに関する第一人者で、当時刊行準備中だった*Handbook of Clinical Neurology*という神経病学の全集のために鉛脳症について執筆しておられた。先生は動物実験に基づく鉛脳症の発症メカニズムに関する基礎研究がご専門で、ヒトの鉛脳症はそれまでの研究対象ではなかったため、私がそのお手伝いをさせていただくことになったのである。

しかし、私にとっても全く予備知識のないテーマで、どこから手をつけたものか困惑してしまった。平野先生に教えていただいたいくつかの論文からスタートして、いろいろな文献にあたってこのテーマについて調べていくうちに、ふと、このモンテフィオーレ病院にも鉛脳症の病理標本があるのではないだろうかと考えた。早速、膨大なファイルを調べてみたところ、予想通り、何例かの鉛脳症の剖検例と脳組織標本が見つかった。それからしばらくの間は、顕微鏡の下で、これらの標本を観察する毎日が続いた。

実際の標本を観察してみて初めて、それまでに調べた文献の記載が急に身近に感じられるようになった。自分にはまるで縁のない病気だと思っていた鉛脳症が、実はあらゆる脳の病理学的変化の基本をなす脳浮腫の病態を理解する上で、きわめて重要な意義をもつ病理変化であることに気づいたのである。

そのひとつが、鉛脳症に記載されていた「ガラスの小滴（Hyaline droplet）」と呼ばれる所見である。文献で読んだときにはあまり関心を抱かなかったこの所見が、実際の標本では、印象深く、忘れられないものになった。脳組織のヘマトキシリン・エオジン染色標本を観察すると、大脳皮質の毛細血管の周囲に、エオジンで輝くようなルビー色に染まる小さな水玉様のものが見える。これが「ガラスの小滴」で、ときにはブドウの房のようにかたまっていて、とても美しい。しかし、これこそが幼児の命を奪った恐ろしい出来事の名残なのである。

モンテフィオーレ病院に残された鉛脳症の剖検例は、すべて幼児のものであった。いずれも

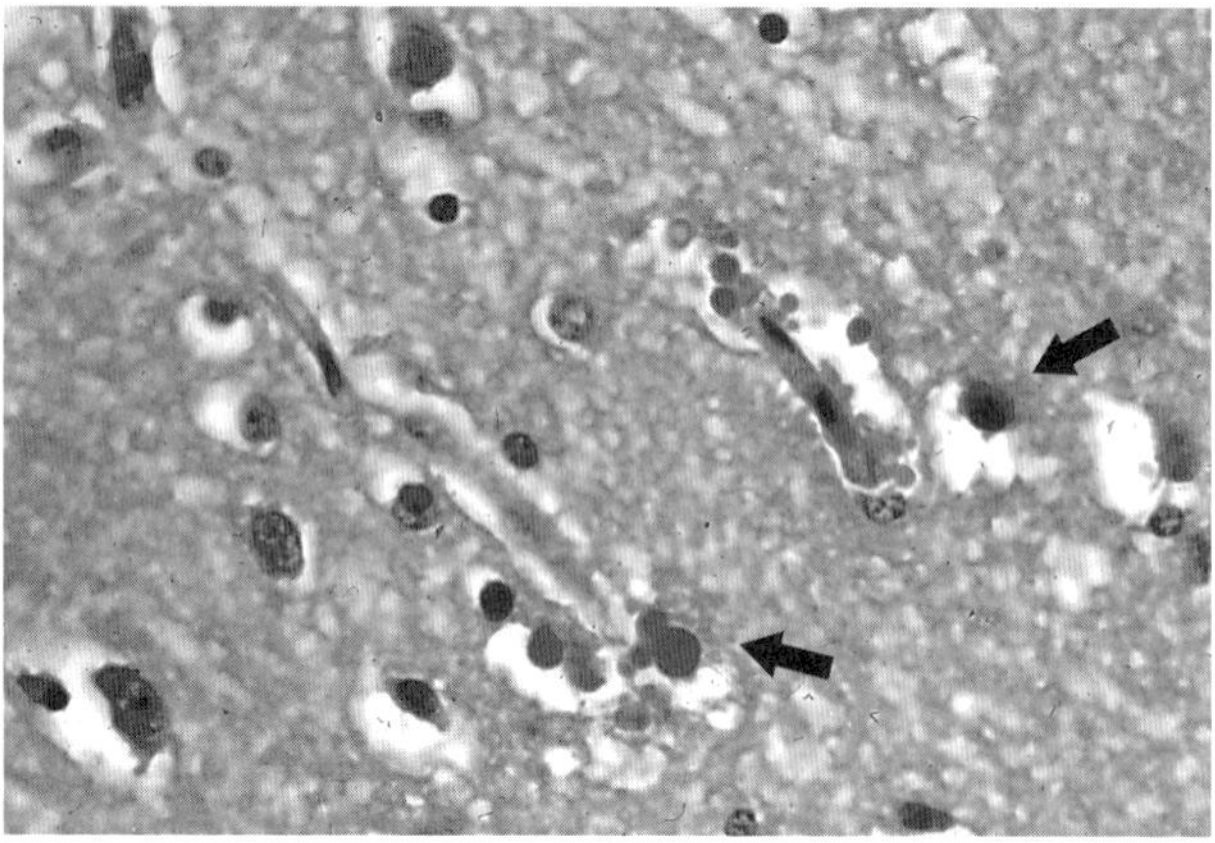

黒い矢印が乳幼児の鉛脳症でみられる「ガラスの小滴」。実際は鮮やかなルビー色。

突然、全身に痙攣発作を生じて昏睡となり、数日以内に亡くなっている。そして、この鉛脳症の原因は、意外なところにあった。

本書の第五章『ボヴァリー夫人』で、セント・ヘレナ島のナポレオンの居室の壁紙の染料にヒ素が使われていた可能性について述べたが、鉛脳症は、壁そのもの、つまり壁に塗られた白い塗料が中毒の原因である。鉛白は真っ白な壁をつくるために必須の塗料であった。しかし、鉛を含んでいるため、二十世紀に入ってから使用が禁止され、新しく建設される建物の壁に鉛白が使われることはなくなった。ところが、ニューヨークのハーレム地区やウェストサイドの老朽化した建物では、鉛白を塗られた白壁がそのまま取り残されていた。おまけに、窓枠にも鉛白入りの真っ白なペンキが塗られていた。そのような古い建物に住みついたのは、当然ながら貧しい人々である。日々の糧を得るために日夜働く両親は、足手まといになるヨチヨチ歩きの幼児を家に残したまま、外に出ざるを得なかった。遊び相手もおもちゃもなく、満足な家具もなく、剝げ落ちた鉛白入りの白壁に囲まれた貧しい部屋に残された幼児は、壁や窓枠をいじり回し、その指をしゃぶって親たちの帰りを待っていたのだろうか。空腹に耐えかねて、あるいは何でも口にしてしまう異食症ゆえに、壁の欠片そのものを口に入れた幼児もいたかもしれない。体内に入った鉛は、血液脳関門を破壊し、血中のタンパク質が脳内に漏れ出る。それと同時に大量の水も脳内に漏れ出てくる。こうして急激に脳浮腫が生じ、意識障害と痙攣を生じた幼児たちは、あっという間に亡くなっていった。そんなことを思い描きながら顕微鏡を覗いていると、ルビーのように美しく光る「ガラスの小滴」は、悲しい物語を語る血の涙のように思われた。

鉛白の壁や窓枠だけではない。高貴な女性たちは、鉛白入りの白粉を、顔だけでなく首から胸元まで塗っていたと言われている。そのような状態の乳母が授乳をすれば、乳児は乳房に塗られた鉛白入りの白粉を口にすることになる。確かな文献はないが、このような経路で起こった乳児の鉛脳症は十分に可能性があったとして伝えられている。わが国においては、乳幼児鉛脳症の神経病理学的研究はおこなわれていなかったようであり、「ガラスの小滴」の存在を記載した日本の論文や書物を見出すことは、その当時はできなかった。

しかしそれから四半世紀ほどたった頃、神経感染症学会で私はこの悲しい「ガラスの小滴」に再会することになった。その数年前から、インフルエンザに罹患した乳幼児が、痙攣と意識障害を伴う激烈な脳症で死亡するという不幸な出来事が問題になっており、原因究明が喫緊の課題として注目されていた。この学会で、インフルエンザ脳症で亡くなった幼児の病理学的所見の発表がなされたのである。脳症とはいえ、乳幼児の病気であるため、神経内科医の私にとってはいささか距離のある話題であったのだが、脳の病理学的変化を示す顕微鏡写真が提示されたとき、愕然として背筋が寒くなった。スクリーン上に大きく示されたのは、まさに「ガラスの小滴」だったのである。しかし、気がついたのは私だけだったようで、鉛脳症との関係について論ずる人は誰もいなかった。私は思わず手を上げて、その顕微鏡写真の所見は鉛脳症において記載されてきた「ガラスの小滴」と全く同じものであること、鉛脳症の本態は乳幼児の脳における血液脳関門の破綻による急性脳浮腫であり、同じ所見を呈するインフルエンザ脳症も、乳幼児の脳における血液脳関門の破綻による急性脳浮腫であることに間違いないだろうと、いささか興奮しつつ述べた。

インフルエンザ脳症もまた、それまで元気に飛び回っていた可愛い幼子を、前触れもなく襲う悲劇的な病態である。ほとんどの子は、発症したその日に、あるいは少なくとも発症数日以内に亡くなっている。いたいけなわが子を、突然失った両親の嘆きはいかばかりであろうか。そこにもまた「ガラスの小滴」という赤い血の涙が流されていたのである。

9　J・K・ローリング『ハリー・ポッターと賢者の石』
――魔法使いの遺伝子――

ハリーが糖蜜パイを食べていると、家族の話題になった。

「僕はハーフなんだ。僕のパパはマグルで、ママは結婚するまで魔女だと言わなかったんだ。パパはずいぶんドッキリしたみたいだよ」とシェーマスが言った。

（J・K・ローリング『ハリー・ポッターと賢者の石』松岡佑子訳　静山社）


私は、かなり熱心な「ポッタリアン」である。はじまりは偶然だった。新宿の紀伊國屋書店で、近々出かける旅の道中で読むペーパーバックの本を探していたところ、*Harry Potter and the Philosopher's Stone*（邦題は『ハリー・ポッターと賢者の石』）という不思議なタイトルの本が目にとまった。赤い機関車と男の子が描かれている楽しそうな表紙だったので、思わず手にとってパラパラとページを繰ってみたところ、〝Muggle（マグル）〟という見慣れない単語が書いてある。少し読んでみると、魔術師に関係する言葉のようだが、どうも腑に落ちず、家で調べてみようと思い、その本を買った。ところが、帰宅途中の電車で読み始めたら、おもしろいことこのうえない。家に着く前には、マグルとは魔法を使えない普通の人間のことをいうのだということがわかったのだが、自宅で研究社の英和大辞典を引いてみると、Muggles は、マリファナ巻きタバコの俗語となっている。どうもこれは著者ローリングの造語らしい。さらに読み進めるうちに、この本には次から次に造語が登場してくる。あまりにおもしろくて、旅に出かける前に一冊を読み終えてしまった。そして読後に、この本が全七巻のシリーズの第一巻であること、その時点で第三巻までがペーパーバックで出版されていることを知った。

すぐに第二巻の *Harry Potter and the Chamber of Secrets*（邦題は『ハリー・ポッターと秘密の部屋』）、第三巻の *Harry Potter and the Prisoner of Azkaban*（邦題は『ハリー・ポッターとアズカバンの囚人』）を読破、第四巻の刊行を首を長くして待っていた。待ちに待った *Harry Potter and the Goblet of Fire*（邦題は『ハリー・ポッターと炎のゴブレット』）が出版されたというので、勇んで丸善に買いに行ったところ、日本にはまだ届いておらず、予約しても数ヶ月はかかるという。しかたないので、当時米国にいた息子に頼んで送ってもらった。第四巻を読み終わると、また続きが読みたくなる。幸いなことに、丸善で予約すれば、第五巻の *Harry Potter and the Order of Phoenix*（邦題は『ハリー・ポッターと不死鳥の騎士団』）は、世界同時発売の当日に手に入るということがわかり、早速予約して、発売当日に丸善まで買いに行った。世界中の人たちと同時に読み始めることができるというのは、なんとも気分の良いものである。その後、第六巻 *Harry Potter and the Half-blood Prince*（邦題は『ハリー・ポッターと謎のプリンス』）と第七巻 *Harry Potter and the Deathly Harrows*（邦題は『ハリー・ポッターと死の秘宝』）は、アマゾンの予約販売で世界同時発売日に自宅で受け取ることができ、家に居ながら、世界中の人々と読み競うことができる喜びに浸っていた。

ハリー・ポッター・シリーズは、二〇〇七年に第七巻で完結したが、その後、*The Tales of Beedle the Bard*（邦題は『吟遊詩人ビードルの物語』）を手にした。シリーズの中で、ハリー・ポッターをはじめとする魔法使いの子どもたちが繰り返し聴いた童話の話で、今は消滅した北欧の古代文字であるルーン文字で書かれた原典のテキストを才媛ハーマイオニー・グレンジャーが英訳したという設定。収載された童話のひとつひとつに、魔法使いの子どもたちが学ぶホッグワーツ校の名校長、ダンブルドア先生によるコメントがつけられている。ポッタリアンにとっては、本当にわくわくするような本だった。

二〇〇一年、国際学会に出席するためにロンドンに赴いたとき、空いた時間に私が真っ先に行ったのはキングズ・クロス駅であった。この駅の九番線ホームと十番線ホームとの間に、魔法使いにしか通り抜けられない入口があり、ホームには真っ赤な蒸気機関車に引かれたホグワーツ特急が停車しているはずだった。しかし残念ながら、生粋のマグルである私には、どうしても9 3/4番線ホームを見つけることができなかった。もっとも、臨時列車であるホグワーツ

ロンドンのキングズ・クロス駅 9 番線ホームと 10 番線ホーム。2 両並んだ列車の間に 9 3/4 番線ホームがあるはずだが、マグルには見えない。

特急が9 3/4番線ホームから出発するのは一年に一度、ホグワーツ校の学期初めだけなのだから、たまたま日が違っているために見えなかっただけかもしれない。

さて、魔法使いの能力とは、遺伝形質なのか、あるいは環境因子による獲得性のものなのか。ハリー・ポッターは両親ともに魔法使いだが、母方の伯母ペチュニア・ダーズリーはマグルである。また、ハーマイオニー・グレンジャーの両親はともにマグルだし、冒頭に引用したとおり、ハリーの同級生シェーマス・フィネガンは、父がマグル、母が魔女という点でハーフである。もし魔法使いの能力が単一遺伝子で決まるならば、常染色体劣性遺伝なのかな——そんなことを考えて、ひとりでおもしろがっていた。

しかしその後、この問題を堂々と論じた医学論文を読む機会があった。『ブリティッシュ・メディカル・ジャーナル』は、英国の臨床医向け医学雑誌では最もよく読まれている週刊誌である。毎年、クリスマス休暇に入る前の二週分は、年度末の最終号として合冊になり、実におもしろい論文が掲載される。たとえば、二〇〇六年の最終号は、推理小説に登場する探偵たちの方法論がテーマだった。

そして二〇〇七年の最終号の目玉論文のタイトルは、なんと「魔法使いの遺伝子」。ハリー・ポッター全七巻に登場するすべての魔法使いたちの家系について、小説に記載されている事例をもとに遺伝形式を調べた論文だった。著者は四人で、専門領域はそれぞれ人類遺伝学、臨床神経学、そして周産期疫学である。そして驚くことに、この論文では、専門的なアドバイスをしてくれた三名の未成年の「魔法使い」への謝辞が述べられている。「魔法使い」とは、筆者の子供なのだろうか。

この論文では、魔法使いの能力は、原則的には遺伝子によって規定され、常染色体劣性遺伝であろうと結論づけている。そして、複数の「魔法使い型エンハンサー」の存在を仮説として提唱している。魔法使いの遺伝子をもっていても、表現形質としては非魔法使い、すなわちマグルと同じになってしまうことがある。このような人々は「スクイブ（Squib）」呼ばれるが、このことから考えると、魔法使いの遺伝子の形質発現には何らかのエピジェネティックな機序があるだろうという仮説も述べられている。

さらに、基本的な魔法使いの遺伝子に加えて、これと並存する特殊な能力の単一遺伝子変異についても論じられている。たとえば、シリーズに登場する魔女のひとり、ニンファドーラ・

トンクスは、髪の毛の色を感情や気分によって変えることができるが、これは色素胞を制御するメラノコルチン受容体の遺伝子、MC1Rの変異であるとしている。また、ハリー・ポッターやその仇敵であるヴォルデモート卿は「パーセルタング（Parseltongue）」といって、爬虫類の発する言葉が理解できる能力を有するが、これは近年、言語能力の遺伝子として注目されるようになったFOXP2遺伝子の変異であろうとしている。原作者であるJ・K・ローリングも驚くに違いなく、かくも綿密な人類遺伝学的調査をおこなった四人の筆者たちの鋭い指摘に、私は舌を巻いた。

私は子供の頃から、英国の少年少女小説の豊かなファンタジーの世界に強く引きつけられてきた。スウィフトの『ガリバー旅行記』が児童文学と言えるかどうかはわからないが、スティーブンソンの『宝島』、バリーの『ピーター・パン』、キップリングの『ジャングル・ブック』、ルイス・キャロルの『不思議の国のアリス』、ミルンの『クマのプーさん』、C・S・ルイスの『ナルニア国物語』、トールキンの『ホビットの冒険』、ビアトリクス・ポターの『ピーター・ラビット』、ロフティングの『ドリトル先生』そしてアリソン・アトリーの『時の旅人』……。わくわくしながら読みあさった本のタイトルを挙げれば、きりがない。これらの優れたファンタジー文学の伝統がある英国だからこそ、ハリー・ポッターも生まれたのであろう。

それに加えて、日本では、石井桃子さんをはじめとする優れた翻訳家が、これらの名作を日本語で読む機会を子どもたちに与えてくれた。ハリー・ポッター・シリーズも松岡裕子さんという素晴らしい翻訳家により、全巻がたちまちにして日本語に訳されていった。私は、彼女のご主人の松岡幸雄さんと一緒に筋萎縮性側索硬化症という神経難病の患者さんの会のお手伝いをしていたこともあり、裕子夫人のことは以前から存じ上げていた。夫亡きあと、出版社の静山社の経営を引き継ぎ、ハリー・ポッター全集の翻訳によって会社を大きく発展されたことは本当にうれしかった。

J・K・ローリング『ハリーポッターと賢者の石』

10　ミヒャエル・エンデ『モモ』
——脳と時間——

三人のきょうだいが、ひとつの家に住んでいる。
ほんとはまるでちがうきょうだいなのに、
おまえが三人を見分けようとすると、
それぞれたがいにうりふたつ。
一番うえはいまいない、これからやっとあらわれる。
二番目もいないが、こっちはもう家から出かけたあと。
三番目のちびさんだけがここにいる、
それというのも、三番目がここにいないと、
あとのふたりは、なくなってしまうから。

（ミヒャエル・エンデ『モモ』大島かおり訳　岩波書店）

エンデの『モモ』の舞台は都会である。円形劇場に住みつく浮浪児モモは、貧しいながらも

仲間と平穏な生活を送っていた。ところが、街の人々が次第にせかせかと忙しく動き回るようになってきたことに気づく。「時間泥棒」のせいだった。時間泥棒である「灰色の男たち」は、都会の人々の一人ひとりが持っている時間を奪い去ることによって、生きているのだった。時間泥棒たちとの戦いを始めたモモは、マイスター・ゼクンドゥス・ミヌティウス・ホラと名乗る老人が住む「どこにもない家」にたどりつく。

冒頭に掲げたのは、その「どこにもない家」に入ったモモに、マイスター・ホラが出したなぞなぞである。モモはこのなぞなぞを見事に解き明かす。「三人の兄弟」とは時間の三兄弟。長男の「未来」、次男の「過去」、そして三男の「現在」だった。

この『モモ』の物語が脳と時間の問題を解く鍵になることに気づいたのは、ある本がきっかけだった。中村雄二郎著『共通感覚論』である。

中村雄二郎氏と初めて出会ったのは、三十年ほど前、蓼科の親湯という温泉だった。当時は脳科学の研究班会議の活動がようやく軌道に乗り始めた時期で、毎年夏には泊まり込みで研究発表会がおこなわれていた。毎回、異分野の方々にも参加していただき、小さな勉強会を催すのが恒例だった。脳研究に携わる我々が特に興味をもったのは哲学者の話である。著名な哲学者の方々が参加してくださり、その中のおひとりが中村雄二郎氏だった。

大学で哲学の講義をとらなかった私にとって、中村氏の「共通感覚」の話は実におもしろかった。同時に、哲学とは脳科学そのものだということに気がついた。ものごとを知りたいというヒトの欲求を満たすことが哲学だとするならば、ものごとを知るということを脳の働きで説明するのが脳科学である。哲学と脳科学との間のこのパラレルな関係に感動した私は、先輩の脳科学者たちとともに中村氏を囲み、夜遅くまで議論を続けた。

班会議を終えて帰京した私のもとに、中村雄二郎氏から『共通感覚論』が送られてきた。驚いたことに、この本の中で中村氏は『モモ』を詳しく紹介し、「ヒトはどのようにして時間を知覚しているのか」について論じている。マイスター・ホラはモモに次のように言う。

「光を見るためには目があり、音を聞くためには耳があるとおなじに、人間は時間を感じとるために心というものがある。そして、もしその心が時間を感じとらないようなときには、その時間はないもおなじだ。」

中村氏のいう共通感覚とは、さまざまな感覚の統合、全人間的な感覚、すなわち「心」である。つまり、「時間」は共通感覚として心に知覚されるということになる。エンデの『モモ』と中村雄二郎の『共通感覚論』は、意見をひとつにしている。それ以来、私は「脳は時間をいかに察知しているのだろうか」という問題を考えるようになった。

時間に対するこのような考え方は、古来、偉大な思索家たちから引き継がれてきた。アリストテレスや聖アウグスティヌスは、時間を心の問題として解き明かそうとした。近代哲学のべルグソンやハイデッガーによる時間論も、時間とは、心の感じとるもの、すなわち精神現象であるとする点で共通している。

しかし、現代の物理学は、このような考え方とは無関係な時間の観念を論じた。物理学的に計測可能な「時間」の観念、つまり時計という道具に象徴されるように、常にただひとつの方向に進む変化の過程である。この考え方に則ってエントロピー増大の原理を論ずれば、「時間」は過ぎ去る一方で、決して過去には戻れない。つまり、タイムマシーンは製作不可能であるという結論に達する。まさに物理学的な考察の帰結であり、物理学的な「時間」の概念をもってしては、どこまでも真実であろう。

しかし、このような議論の対象となるのは計測的な「時間」であり、私たちが直感できる「時間」とは異なったものであるということは、すでに一世紀も前にエルンスト・マッハが明らかにしている。

私は、「時間」を、計測するものではなく、感じとることのできるものとして定義したい。モモが命を賭して守ろうとした「時間」である。マイスター・ゼクンドゥス・ミヌティウス・ホラ（ゼクンドゥスは「秒」、ミヌティウスは「分」、ホラ「時間」を表すラテン語）が教えてくれるのは、その名が示すような計測的な時間はなく、心で感じる時間の意味なのである。そう考えると、時間を計測する道具としての時計という道具こそが、時間泥棒の本体なのだということがわかってくる。

時間を計測的なものと考えている人には信じられないかもしれないが、この世の中には、タイムマシーンをものの見事に実現させてしまう人たちがたくさんいる。アルツハイマー型の脳病変が広がっていった状態の人々は、自らの心の中で、自由自在に現在と過去の間を往来しつつ生きていることが多い。そのことを理解できない周囲の人々は、このようなタイムトラベルの状態を、問題行動あるいはＢＰＳＤ（認知症に伴う行動心理症状）などと呼んで、徹底的に押さえ込もうとする。こうした押さえ込みこそが、まさに時間泥棒に時間を奪われた者たちの考え方・感じ方であろう。

本来、ヒトの時間は、後戻りもできれば、ゆっくり進むことも、走馬灯のごとく早送りで展開することもできるのである。そのことを忘れてしまった現代の都市生活者たちは、時間を計ることばかりに追われ、時間を感じる心の働きが少なくなってしまっている。

自由自在に時間の旅を続ける患者さんたちとの出会いを重ねるうちに、私は、アルツハイマー型脳病変は、盗まれた時間をわたしたちに返してくれているのではないかと思うようになった。

そして、盗まれた時間を取り戻すためには、歳をとるだけでもよいということも、少しずつわかってきた。『モモ』では、時間泥棒に時間を奪われた人々は、せわしいだけの生活を送るようになり、想像の世界の中で遊ぶことなどまるで忘れてしまう。現役を離れた今、私もまた、自分がいかに時間を奪われ続けてきたことかと、しみじみと感じている。

ミヒャエル・エンデ『モモ』

最近読んだ本の中で印象に残ったものに、ヘルマン・ヘッセの『老年の価値』がある。晩年、アルプス南部の町モンタニョーラに住みつき、時間の流れを肌で感じながら生きていたヘッセの言葉は、まさに私が感じていたことだった。

子供時代には、誕生日から次の誕生日までが何と長かったことだろう！　年をとるにつれて、そのあいだは短くなる一方だ。

（ヘルマン・ヘッセ『老年の価値』岡田朝雄訳　朝日出版社）

歳を重ねるにつれて、時間を感じる心の働きが敏感になってくるということは、逆に言えば、子供時代には心における時間の感覚受容器の感度がきわめて低いということになる。加齢は、時間の感覚の感度を徐々に上げ、ごく短い時間をも行動に反映させようとする。これが時間泥棒の働きであり、セカセカの原因なのであろう。しかしさらに時を経て老年になると、今度は感受性が低下し始め、時間がゆっくりとすぎるようになる。ヘッセは次のようにも述べている。

「年をとると、年月がとほうもなく早く過ぎてしまう一方で、日々や時間がしばしばとてもゆっくりと過ぎてゆくという矛盾を良く感じるようになります。」

これもまた、私の実感するところである。すでに過去になってしまった時間経過の長さを思うと、その過ぎ去って行った速度の速いことに驚かされるが、目の前の時間の流れは実にゆったりとしている。時間泥棒に奪われていたものが戻ってきたのだ。

11　マイケル・カニンガム『めぐりあう時間たち』
――奪い返した時間――

ローラはベッドわきの小さなテーブルに置かれた時計に目をやる。七時をすっかりまわっている。なんでこの時計を買ったのだろう。こんないまわしいものを。墓石を思わせる四角いベークライト製の長方形に、四角い緑色をした文字盤がはまっている。これがすてきだなんて、いったいどうして思えたのかしら？　読書なんかしていてはいけないはず、今朝はとくに。ダンの誕生日なのだから。ベッドから起きて、シャワーを浴び、身支度をして、ダンとリッチーの朝食をつくらなくてはいけない。
（マイケル・カニンガム『めぐりあう時間たち――三人のダロウェイ夫人』高橋和久訳　集英社）

時計こそが時間泥棒の本態であろうということに気づいた人は少なくないが、時計によって盗まれた時間を取り戻そうと試みた人は少ない。特に小説の世界では、故意に時間を奪い取り、ストーリーという名の抄録に仕立て上げるのが一般的な手法である。しかし私は、そのような抄録集的な手法ではなく、時間が奪われていくことに対し、とことん抵抗するような文学作品を好む。

マルセル・プルースト、ジェイムズ・ジョイス、ヴァージニア・ウルフ——この三人は、皆、そのような抵抗を試みた作家たちである。彼らの作品では、時計の針はなかなか進まない。彼らが描く一時間、あるいは一日を読み解いていくのに、私たちは何時間も、あるいは何日もかかってしまう。ところが、作品を読んでいる間に感じる多少の苛立ちは、読み終えたあとの時間的な充足感を増幅してくれるようだ。

『めぐりあう時間たち』を読んだとき、二十世紀の終盤という時代に、時間泥棒の巧妙な手口の裏をかいて、見事に時間を取り戻した作家カニンガムに、私は大いに共感した。私が大好きなヴァージニア・ウルフの実生活と、その作品『ダロウェイ夫人』を本歌取りしたこの作品は、四人の女性のそれぞれの一日と、彼女たちを結びつけるほぼ一世紀近くにわたる長大な時間の流れとが、絡み合い、繋がり合って、運命の女神の手の内を見せつけてくれる。

冒頭に引用したのは、二十世紀なかばのある日、四人の女性の一人であるローラ・ブラウンの一日が始まっていく様子である。目覚めてからもなお彼女が寝床の中で読んでいるのは『ダロウェイ夫人』。よき妻、よき母、よき友、そしてよき隣人として毎日を過ごすローラだったが、ダロウェイ夫人の一日、そしてその作家であるヴァージニア・ウルフの自殺という二つの大きな出来事に自分の心を重ね合わせていた。ローラは、自分が生きる意味、生きる時間の意味を探し求めている。息子のリッチーと一緒に夫ダンのバースデーケーキを作ったローラは、リッチーを隣人に預けて車で遠出し、ロサンジェルス郊外のホテルにチェックインする。そしてホテルのベッドの上で、『ダロウェイ夫人』を読み、自らの死を夢見る。

このようなローラの一日と平行して描かれるのが、二十世紀初頭、現実から逃れ出す衝動に駆られたヴァージニア・ウルフの一日、そして二十世紀終盤、ニューヨークのソーホーを舞台として繰り広げられるクラリッサ・ヴォーンの一日である。クラリッサの一日は、六月のある日、町に花を買いに出るところから始まる。これは小説『ダロウェイ夫人』の一日の始まりと全く同じで、『ダロウェイ夫人』の愛読者としては、その時点でストーリーの構築が見えてくる。花を買いに行くのはパーティーの準備のためであること、しかもそのパーティーに集まる人たちとの人間関係が、時間を飛び越えて自在に往来する。しかも、ダロウェイ夫人のファーストネームはクラリッサ。そのことから、クラリッサ・ヴォーンは、最愛の友人から「ダロウェイ夫人」というあだ名で呼ばれている。そして、一日の出来事をめぐることになる四人目の人物は、小説の『ダロウェイ夫人』の主人公、クラリッサ・ダロウェイである。

ウルフの『ダロウェイ夫人』も、カニンガムの『めぐりあう時間たち』も、それぞれのダロウェイ夫人の辿る道筋が克明に述べられている。このような作家の配慮、すなわち経過していく時間に対応して、二人のクラリッサが移動していく空間的変化がはっきり示されるということは、非常に興味深い。物理学的な計測可能な時間を扱う人々が主張する「時間と空間の非等質性」の問題が投影されているからである。時間と空間の非等質性とは、同じ時間に違う場所に居ることはできないが、同じ場所に違う時間にいることはできる、という単純な原理である。この原理が信じられているからこそ、アリバイが成立するのであり、誰もが真理に違いないと信じている原理原則である。だからこそ、時間の制約をはずした中で行動する二人のクラリッサたちにとって、空間的な移動は重要であり、それなくしては彼女たちの存在基盤が消滅してしまう。二人のクラリッサの行動を示すのは、ただただ空間的な移動のみであり、その移動のために消費された時間経過は全く無視されている。これこそが、ヴァージニア・ウルフが編み出した小説の技法であり、それに共感したカニンガムのとった方法なのだと思う。ウルフは時間が奪われないようにする小説を書いたが、これに対しカニンガムは、時間を奪い返す小説を書いたのだと私は思う。

そうは言っても、『めぐりあう時間たち』にもストーリーは存在する。鍵を握る人物は、クラリッサ・ヴォーンを「ダロウェイ夫人」と名づけた作家リチャードである。クラリッサが花を買いに行ったのは、カラザーズ賞という文学賞を受賞したリチャードを祝うパーティーを開くためなのだ。しかし、リチャードの身体はエイズに冒されていて、余命いくばくもない。だからこそ、クラリッサは受賞を祝うパーティーを成功させるため、心を尽くす。パーティーの準備が整ったことを伝えにリチャードの住むアパートを訪れたクラリッサに、リチャードは言う。

「ごめん、どうやらぼくはすべて、すでに起きたことだとずっと思っているみたいなんだ。パーティーと授賞式のことを覚えているかと訊かれたとき、そこに出席したことを覚えているかと訊かれたと思ったんだ。そして僕は覚えていた。ぼくは時の流れからはずれたみたいだな」

「パーティーと授賞式は今夜。未来のことよ」

「分かる。ある意味では分かるんだ。だけど、いいかい、もう未来にも行ってしまったみたいなんだ。まだおこなわれていないパーティーについてはっきりした記憶がある。授賞式のことだって完璧に覚えている」

マイケル・カニンガム『めぐりあう時間たち』

まだ起こっていないはずの未来の出来事が、すでに経験された出来事として感じられるという この現象は、しばしば夢と関連して語られている。夢の中である出来事がおこり、その後に現実にその出来事が起こると、まさに夢に見たとおりだと感じられることは稀ではない。リチャードの述べたことは、彼がすでに夢に見た出来事だったのだろうか。しかし彼は、クラリッサの目の前で自殺するという行為によって、起こっていたはずの出来事を否定してしまう。ここにもまた、作者による巧妙な時間の巻き戻しが仕組まれている。この作品を読んで、現実の流れる時間の経過と、一人ひとりの心に感じられる時間の経過というものが、かくもかけ離れたものであるということを、私は思い知らされた。

小説の最後の場面は、リチャードの受賞祝いになるはずだったパーティーが、彼の自殺でお流れになってしまったあとのクラリッサの家。そこに、パーティーに招かれていたリチャードの年老いた母親が到着する。それは、あのローラ・ブラウンだった。時計の刻む時間を憎み、あれほど死にあこがれたローラだったが、夫ダンに先立たれ、娘も事故で亡くし、そして今また息子リッチーも時間のくびきを自ら断ち切って去って行ったことを知る。かくして、カニンガムは、この小説に登場した女性たちの、それぞれの一日を終わらせる。ただ一人、ローラだけは、その日のあとに省略された五十年がつけ加えられていた。

スティーヴン・ダルドリー監督の映画『めぐりあう時間たち』には、クラリッサ・ダロウェイは出てこない。もう一人のダロウェイ夫人、クラリッサ・ヴォーンはメリル・ストリープ、ヴァージニア・ウルフはニコール・キッドマン、そしてローラ・ブラウンはジュリアン・ムーアが演じた。個性的な女優たちの競演によるすばらしい映画ではあったが、映画では時間の扱いが小説のように複雑にはいかない。結局、映像による時間は理屈で一直線に繋がってしまい、原作にあるような絡み合いを十分には表現できていないように感じられた。

12　ヴァージニア・ウルフ『ダロウェイ夫人』
——変形視、幻聴、自殺——

耳をすました。真向かいの垣根にとまった雀が、四、五回も、セプティマス、セプティマス、とさえずった。そして、引きつづき、その声を引きのばしながら、新鮮に、刺すように、ギリシア語で、犯罪は何もないことをうたいつづけた。そして、もう一羽の雀が加わり、引きのばしたような鋭い声で、ギリシア語で、死人たちが歩く川向こうの生命の牧場の中の木立から、死が存在しないいきさつを歌った。

（ヴァージニア・ウルフ『ダロウェイ夫人』近藤いね子訳　みすず書房）

作家ヴァージニア・ウルフには、若い頃から二つの持病があった。ひとつは片頭痛、もうひとつは躁鬱病である。没後、夫のレナードによって編集出版された彼女の日記の中には、片頭痛発作と思われる頭痛のことが頻繁に記されている。日記によれば、彼女には変形視の発作があったようだが、これは片頭痛患者に時折見られる現象である。たとえば、こんな変形視が記載されている。

夕方や、色のはっきりしない日など、景色の大きさの割合がとつぜん変わる。牧場で人びとがストゥールボールをしているのをみていたが、彼らは平らな板の上でずっと低く沈んだようにみえた。それから丘が高くせりあがり、その周りの山々も高くなった。こまかいところは消えてしまった。これはとても美しい効果で、女の人たちの服の色も殆ど色のない周辺の中で大へんあざやかに、純粋に見えた。私はまた、ものの大きさの割合が異常であることもわかっていた――ちょうど自分の脚の間からのぞいているような工合に。

（ヴァージニア・ウルフ『ある作家の日記』神谷美恵子訳　みすず書房）

変形視は、片頭痛発作の前兆として現れ、これに引き続いて激しい頭痛を生じることが多いが、ときには前兆のみで終わり、あとに続くはずの頭痛がこない場合もある。このような発作は、頭痛を伴わない片頭痛前兆と呼ばれているが、ここに引用した記載にはまさにこの症状であろう。

このような前兆のみの変形視だけであったなら、ヴァージニア・ウルフも楽であったろうに、彼女の頭痛発作はかなり重症だったようだ。日記には、激しい拍動性の頭痛の存在を示すこんな記載もある。

その時、私の心臓が飛び上がり、そして止まった。また飛び上がった。あの奇妙なにがさが喉の奥で感じられた。それから脈搏が私のあたまに飛び上がり、いよいよあらあらしく、いよいよ速く、何度も脈を打ちつづけた。

片頭痛患者が自らの頭痛を描いた絵は、片頭痛絵画（migraine art）と呼ばれる。それらの絵の中には、頭の中で削岩機が岩を掘ったり、リベット打ちがおこなわれていたり、まさに「頭の中に心臓が飛び込んで拍動している」というような状態が描かれていることがよくある。

もうひとつの持病である躁鬱病については、ヴァージニア・ウルフは自殺企図を伴う抑鬱状態を何度も生じており、幻覚・妄想もあった。冒頭に引用したのは、『ダロウェイ夫人』に登場する退役軍人のセプティマス・ウォレン・スミスが、リージェント公園のベンチで聴いた幻聴であるが、その内容は実にリアルであり、鬼気迫る。おそらくこれは、ウルフ自身の幻聴体験に基づくものなのだろう。実際、彼女には、このような人の声が聞こえるような幻聴があった。

それにしても、ギリシア語の幻聴が聞こえてくるというのはさすがである。ヴァージニア・ウルフは一八八二年にロンドンで生まれた。兄たちは大学教育を受けたが、姉と彼女は学校教育を受けることはなく、家庭教師と文芸評論家であった父から教育を受けた。当時の知的階級の人々にとって、ギリシア語、ラテン語の知識を身につけることは当然のことだったから、その家庭教育には古典語の習得が含まれていたはずである。ウルフは日記でソフォクレスの『エレクトラ』について、原典と訳文では大きな差があることを指摘しているが、これは彼女が優れたギリシア語能力を持っていたことを示すものだろう。したがって、ギリシア語の幻聴が聞こえてきても不思議はない。

『ダロウェイ夫人』は、最初の構想では、主人公自身が自殺することになっていたようだ。しかし完成した小説では、セプティマスという人物が新たに創作され、ダロウェイ夫人ではなく、このセプティマスが自殺する。大嫌いなホームズ医師が自宅を訪ねて来たとき、セプティマスは窓から飛び降りて死ぬのである。この小説のテーマのひとつである「死」は、ダロウェイ夫人おいては不安の対象として、セプティマスにおいては不安から抜け出るための解決として扱われている。死に対峙する際のこのような心の二面性は、ヴァージニア・ウルフ自身が、死に対して抱いていた心の葛藤そのものであったのだろう。『ダロウェイ夫人』を書いたときには、クラリッサ・ダロウェイでいられたウルフだったが、一九四一年三月二十八日、もう一人の分身セプティマスになってしまい、入水自殺を遂げる。五十九歳であった。

ヒトがなぜ自殺をするかということには、いまだわからないことが多い。生物というものは、本来、自己の生命を守ろうとするはずで、生存本能というものがなければ、生物はみな死に絶えてしまう。自殺という行動は、そのような原則に逆らうものであり、生物学的な視点か

ヴァージニア・ウルフ『ダロウェイ夫人』

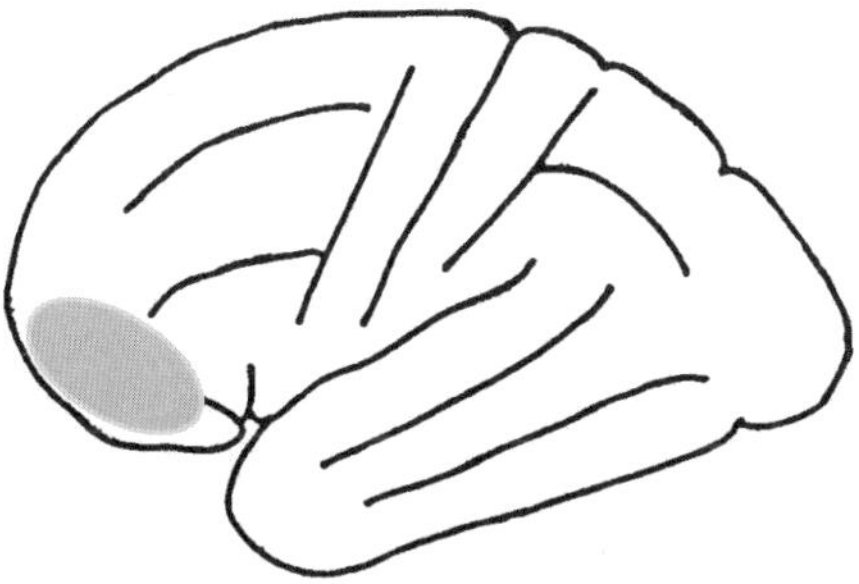

グレーの部分が前頭前野の腹外側皮質。この部分にセロトニンの供給が不足すると、衝動的な攻撃行動が現れる。

らは、なんとも理解しがたい行動パターンである。

このような不可思議な行動を生じる原因のひとつとして、近年、脳内のセロトニン欠乏状態が注目されるようになってきている。脳幹上部、左右の真ん中、すなわち正中部には、縫線核という神経細胞集団がある。この核の神経細胞は、その長い軸索突起を前頭葉に送り、前頭前野の腹外側皮質の神経細胞にまで達して、それらの神経細胞にセロトニンという伝達物質を送り込んでいる。通常は、この系により前頭前野腹外側皮質へのセロトニンの供給が十分になされており、これが攻撃的行動を抑制している。しかし、このセロトニンの供給が不足すると、攻撃的行動の抑制ができにくくなり、衝動的な攻撃行動が現れる。自殺は、このようにして出現してきた衝動的攻撃行動が、自己に対して向けられたものであるというのが、脳内セロトニン欠乏説である。

自殺と自己に対する攻撃行動との間には関係があるとするこの説には、私にも思い当たることがある。もう四半世紀ほど前、有棘赤血球舞踏病という稀な病気の患者を受け持っていたときのことだった。舞踏病とは、手足や胴体、あるいは顔の筋肉にすばやい不随意運動が絶え間なく出現する病気で、踊りを踊っているかのように見えるところから、この名がついた。有棘赤血球というのは、通常は表面が少しへこんだ円盤状の形をしているはずの赤血球が、金平糖のように棘々とした丸い形になってしまうもので、この病気では、進行性の舞踏病に加えて、血液中にこのような形をした赤血球が出現する。自咬症あるいは自傷行為といって、自分の唇や舌、手指を咬んだり噛み切ったり、自らの顔面を自分の手で叩き続けて鼻や口唇を叩き潰してしまうといったような異常行動が見られる。この病気が発見された当初は、舞踏病による不随意運動が激しいために、意思に反して手が顔や口に当たってしまったり、舌が出た途端に口を閉じるような不随意運動が出てしまうために、偶然、外傷を受けるのだと考えられていた。しかし、同じような舞踏病運動を示す他の病気では、このような自傷行為は見られないため、積極的な自傷行為であると考えられるようになった。

当時私が受け持っていた患者は、激しい自傷行為のため、すでに鼻翼と口唇は潰れてほとんどなくなっており、舌も先端部は欠損した状態であった。自宅で飛び降り自殺を図ったため、安全のために入院となったのである。入院中、激しい舞踏病運動を薬剤だけで抑えることは困難であったため、抑制帯をつかってベッドに両手と胴体を固定した。いわば、ベッドにくくりつけたような形で抑制したのである。ところが、驚いたことに、この患者はベッドを背負って立ち上がり、病室の窓から飛び降りようとした。幸い、ベッドが邪魔になって飛び降りることができなかったが、予想していなかった事態に冷や汗をかいた。この患者においては、自傷行為の究極の形として自殺が生じるのではないだろうかと思った。

すべての自殺が、前頭前野腹外側皮質のセロトニン欠乏状態によって起こるとは思えないが、自殺に至るプロセスにおいて、セロトニンの欠乏状態があるのではないかという説は、傾聴に値する。大脳深部の線条体においてセロトニンが減ると、長期的展望に立った行動選択ができなくなり、目先の利益に左右されるような行動決定をするという実験結果も出されており、セロトニン欠乏が短絡的な行動を起こす引き金になるのは事実のようである。

また、脳内のセロトニン濃度は、食事中に含まれるトリプトファンというアミノ酸の摂取量に応じて増減すると言われている。トリプトファンの摂取量が少ないと、脳内のセロトニンが減少し、行動決定に影響が出てくる。トリプトファンは、タンパク質、特に肉類や鶏卵、魚卵、乳製品、豆類、ヒマワリの種などに多く含まれているが、これらの食品の摂取が自殺予防につながるかどうかはまだ不明である。しかし、ひょっとすると、ヴァージニア・ウルフには、トリプトファンの摂取不足があったのではないだろうか。

13　オウィディウス『変身物語』
——性転換と両性具有——

あるとき、彼は、緑濃い森のなかで交尾している二匹の大きな蛇を、杖ではげしくなぐりつけたことがあった。すると、不思議なことに、男であったテイレシアスが女に変わり、そのまま七年間を過した。

（オウィディウス『変身物語（上）』中村善也訳　岩波文庫）

ヴァージニア・ウルフは、奪われた時間を取り戻す試みを続けたが、彼女の奇想天外な物語『オーランドー——ある伝記』では、時間だけでなくジェンダーの境界もまた取り払われてしまっている。

この伝記の主人公オーランドーは、十六世紀に男として生まれたにもかかわらず、十七世紀末に女に変身してしまい、しかも二十世紀になってもまだ三十歳代の若さを保って生き続けているというのだから、まるで神話のような信じられない話である。このファンタジー小説の背景にあるのは、作者ウルフと女友達との特別な関係であると言われているが、もうひとつの背景として考えなければならないのは、ここに引用したオウィディウスの『変身物語』に出てくるテイレシアスの物語であろう。

私のギリシア神話の知識は、子供の頃、岩波少年文庫でブルフィンチの『ギリシア・ローマ神話』を読むことで始まった。おそらく小学生用に取捨選択されていたものだったろうが、それでも、そこから湧き出てくる神話の世界はかなり魅力的だったし、西洋美術の作品のテーマのいわれを知るには十分に役立っていた。しかしその後何十年も経ってから、ブルフィンチの描き出した魅惑的な世界は、十九世紀のロマンティシズムの産物であり、必ずしもギリシア神話のオリジナルな姿を示すものではないことが少しずつわかってきた。ギリシア時代の神話の原型をとどめていると言われるアポロドーロスの『ギリシア神話』では、ロマンティシズムとは無縁の、荒々しい闘いの連続が語られている。これを読むと、ブルフィンチの語る神話は、まるで甘ったるいメロドラマのように思えてくる。

十九世紀までの西欧社会では、古典ラテン語とともに古典ギリシア語の能力が教養のバロメーターであった。これはちょうど、江戸時代から明治時代にかけての日本人が、漢文の素養を身につけているかどうかが、教養の有無の目安になっていたのと同じようなものである。特に文学に携わることがなくとも、教養ある人々は、これらの古典語の原典を読んでいた。なかでも、オウィディウスの『変身物語』は、知識階級の必読の書であり、彼らにとってのギリシア神話は、ここに典拠を求めなければならなかった。ブルフィンチの書は、このような古典語の教養のない一般大衆に向けた書物だったのである。看護師フローレンス・ナイチンゲールは、子供の頃から父から古典語の教育を受け、古典ラテン語と古典ギリシア語の能力を十分身につけていた。オウィディウスの『変身物語』は、彼女の愛読書のひとつであったという。文学評論家であった父から古典語の教育を受けたヴァージニア・ウルフもまた、子供の頃からオウィディウスの『変身物語』を読んだはずで、その中に書かれているテイレシアスの物語の記憶が、『オーランドー——ある伝記』の創造に影響を与えたとしても不思議はない。

ギリシア神話には性転換の物語が少なくない。『変身物語』にはイピスの変身の物語が描かれている。イピスの父は、息子の誕生を望んでいたが、妻テレトゥーサに生まれたのは女の子だった。夫の怒りを恐れた妻は、生まれた娘イピスを男の子と偽って育てる。やがて美しい少年に育ったイピスは、父の選んだ美しい娘イアンテと婚約させられ、婚礼の日が近づく。いよいよ嘘が露見することを恐れ戦《おのの》いたイピスと母テレトゥーサは、イシス女神の神殿で懸命に祈る。すると、神殿を出てきたとき、イピスはたくましい男に変身していた。

オウィディウスは、もうひとつの性転換の物語を、トロイア戦争におけるギリシア軍の陣営で、老将ネストルの口から語らせている。不死身の勇士、テッサリアのカイネウスの物語である。カイネウスは、生まれたときはカイニスという名で、テッサリアで一番美しい娘だった。多くの求婚者がいたが、彼女は誰とも結婚しようとはしなかった。あるとき、海辺を歩いていたカイニスは、海の神ネプトゥーヌスに犯されてしまう。嘆き悲しんだカイニスは、何なりと望みを叶えてやろうというネプトゥーヌスに対し、二度とこのような目に会うことのないように男に変えてほしいと頼んだ。海神は、この願いをききとどけるとともに、カイネウスという男名と不死身の肉体を与えた。男になったカイネウスは、ケンタウロスとの戦いで多くの敵を倒し、ケンタウロスたちの剣や槍は彼の体にかすり傷を負わせることもできない。カイネウスが不死身であることに気づいたケンタウロスたちは、山々の大きな木々を全て切り倒して彼に投げつけ、彼を押しつぶしてしまった。

これら二つの性転換物語は、テイレシアスの場合と違って、いずれも女から男への変身であることに注目したい。今日でも、遺伝子上では男でありながら、外性器の形態が女性様に見えるため、女として育てられ、本人も女として生活する男性仮性半陰陽という存在は少なくない。このような場合、ある時期に遺伝子上の性が判明し、それに従って生活様式の全面的な転換を強いられることになると、本人の戸惑いだけでなく、その周りの社会全体も大きな影響を受ける。特にスポーツの競技者の中には、このような例が時折あり、女性時代に築き上げた競技記録をどう扱うかをめぐって、大きな社会問題になることがある。以前、ある新聞で、ある女性のオリンピック選手が、筋力増強のために男性ホルモンであるアンドロゲンを使用していたため、どんどん男性化してしまい、現在は男として生活をしているということが報道されていた。この例も、実際には男性仮性半陰陽であった可能性がある。それらのことを考えると、イピスとカイニスの物語は、男性仮性半陰陽という存在に関する古代ギリシアの人々の考え方を表しているのではないかと思われる。

これに対し、テイレシアスの場合は、男が女に変身している。『変身物語』では、テイレシアスの物語以外、男から女への変身については語られていないが、今日においては、男から女への変身は珍しくない。前述の男性仮性半陰陽とは全く逆の状態として、遺伝子上は女でありながら外性器の形態が男性形に見える女性仮性半陰陽という存在もないわけではないが、男から女への変身の多くは、性同一障害と呼ばれるような、心の問題から生じる性転換が多い。この場合、遺伝子上では男でありながら、行動の上で女としてふるまうのであり、遺伝子上の性と外性器の形態が一致していないように見える半陰陽という状態である必要はない。テレビや週刊誌には、女性以上に女性的な元男性タレントが堂々と出演しているし、性同一障害に対する性転換手術もそれほど珍しい話ではなくなった。

さて、『変身物語』で蛇を殴りつけて女になったテイレシアスは、八年目に再び同じ蛇たちに出会い、これを殴りつけると、今度は男に戻る。テイレシアスの場合は、男と女の間を往来しているのであるから、単なる性転換者というよりは、卵巣と睾丸の両方を有する真性半陰陽、すなわち両性具有であったのではないかという考えも成り立つ。

『変身物語』には、両性具有の語源となったヘルムアプロディトス（Hermaphroditus）の物語も収められている。ヘルメスとアフロディテの間に生まれた息子ヘルムアプロディトスは、フリギアの聖なるイダ山の洞窟の中で、水の精たちによって育てられていた。十五歳になった彼は、見知らぬ国へと旅に出るが、その途中、カリアの森でニンフのサルマキスに出会う。美しい少年の姿にひと目惚れしたサルマキスは、ヘルムアプロディトスに言い寄るが、拒絶されたため木の陰に隠れてしまう。サルマキスが立ち去ったと思ったヘルムアプロディトスは、泉に飛び込んで泳ぎ出すが、それを見たサルマキスは、隠れていた木陰から出て泉に飛び込み、ヘルムアプロディトスを水中で捕らえるとその体に絡みつき、二人の体が離れないようにと神に願う。サルマキスの願いは聞き届けられ、二人の体は癒合して男とも女とも見えるひとつの姿になってしまった。

両性具有の真性半陰陽では、しばしば染色体の異常がある。ヒトの細胞には四十六個の染色体があり、そのうちの四十四個は常染色体と呼ばれ、二十二対の同じ形の染色体ペアから成っている。残りの二個は性染色体であり、女の場合は同じ形のX染色体二個がペアをなしているが、男の場合にはX染色体はひとつしかなく、もうひとつはY染色体という大きさも形も異なった染色体である。通常の性染色体は、女ならXX、男ならXYという組み合わせになっているが、両性具有者では、しばしばXXとXYのモザイクが見られ、男性型の細胞と女性型の細胞が混在していることがある。こうした個体では、生まれながらにして男であると同時に女でもあるということになる。しかし、動物界一般を見ると、性の決定はそれほど簡単ではないようである。最近、ウナギの完全養殖が可能になったと報じられたが、技術的に難しかったのは、稚魚の性決定が餌によって左右されることであったことと聞いて、たいへん驚いた。普通に稚魚を育てていると、全部が雄になってしまい、雌になるものがないが、飼育に使う餌に工夫をすると、雌になるものをつくりだすことが可能になったという。つまり、ウナギの性決定は、環境因子によるものだというのである。それを考えると、ヒトの場合の性の決定にも、かなり複雑な成り立ちがあるのかもしれない。

14　マリーズ・コンデ『わたしはティチューバ』
——魔女狩りの系譜——

ある晩、夕食の後で、ベッツィは急に床に倒れてしまった。両腕をほうり出し、目は引きつって、あえぐ口もとは乳歯が見えるほどだった。わたしは、急いでベッツィを助けに行った。ところが、わたしの手が腕に触れると、ベッツィは身を縮めて呻き声をあげた。

（マリーズ・コンデ『わたしはティチューバ——セイラムの黒人魔女』風呂本惇子・西村のぶ子訳　新水社）

クレオール文学と呼ばれるジャンルの作家たちの作品に出会ったのは、偶然のことだった。日仏会館がおこなっている事業のひとつに、同館の創設者である渋沢栄一とポール・クローデルの名を冠した「渋沢・クローデル賞」という学術賞の顕彰がある。毎年、日本文化を紹介したフランス語の書籍とフランス文化を紹介した日本語の書籍、あるいはそれらの翻訳出版物を選考・表彰するもので、同館の創立六十周年を記念して一九八四年に創設された。

一時期、この賞にエッセイ賞という部門が設けられていた。私はその選考委員長であった故加藤周一先生から、選考委員会への参加を求められた。尊敬する大先輩からのお誘いとあって、喜んでお誘いを受けたのだが、いざ選考作業が始まってみると、これはたいへんなことになってしまったと、いささか後悔した。毎年、選考対象となる候補作品がいくつか送られてくるのだが、全部あわせると数千ページを優に超してしまう。これを一ヶ月足らずのうちに読まなければならない。それも、いい加減に読み飛ばすことはできない本ばかりである。毎年、選考期間中は、選考対象の本を、朝から晩まで一日中読み続けるということになってしまった。残念ながら、フランス大使館の担当者と選考委員会との間で、このエッセイ賞の目的に対する意見の相違が明らかになり、エッセイ賞は数年で廃止され、選考委員会も解散した。

わずかの間ではあったが、この期間中に選考対象として読んだ数多くの本は、私にとって未知の世界への興味をかきたててくれた。ある年の選考対象作品の中に、三浦信孝氏の『現代フランスを読む――共和国・多文化主義・クレオール』（大修館書店）があり、この本をきっかけにクレオール文学というものに興味を持った。早速、同書で紹介されていた何人かの作家たちの作品を書店で探し出し、片っ端から読んでいった。それまで接したことのなかった生命力あふれる作品に次々に出会い、私はすっかり惚れ込んでしまった。

なかでも私がもっとも興味をもった作家が、ここに紹介するマリーズ・コンデである。最初に読んだクレオール作品がコンデの『生命の樹――あるカリブの家系の物語』（菅啓次郎訳、平凡社）だったのだが、この本の魅力に引き寄せられ、それから次々とクレオール作品を読むようになったのである。『心は泣いたり笑ったり――マリーズ・コンデの少女時代』（くぼたのぞみ訳、青土社）によると、この『生命の樹』は、コンデの家の歴史に基づいた小説であるらしい。この小説によって、私にとってはまったく未知だった、遠くカリブ海に浮かぶグアドループという島が、たいへん身近な世界に感じられるようになった。

そのマリーズ・コンデが、セイラムの魔女狩り事件のことを小説に書いていると知って、どうしても読みたくなった。魔女狩りという行為は、人間の心に宿る非寛容の悲しい魔性の産物であり、姿を変えて、今でも世界のあらゆる場所で繰り返されている。コンデがこの問題をどう扱っているのか、ぜひともそれを知りたかった。

私自身が大学を卒業する頃は、大学紛争の時代で、全国のあちこちで小さな魔女狩りが繰り返されていた。人の命を奪うほど大がかりなものではなかったが、集団の中での個人の自由を束縛し、皆が見つめる方向に視線を向けないものは徹底的に疎外されるという、非寛容の世界だった。そんな中で私の支えになったのは、渡辺一夫先生の『フランス・ルネサンスの人々』（岩波文庫）であった。宗教的非寛容に基づく魔女狩り的な殺戮が日常的であったルネサンス時代のフランスにおいて、それに抵抗した人々の姿を描き出した本で、著者は「それは人間的であることとどんな関係があるのか（quid haec ad humanitatem）」という問いを繰り返し発している。この言葉がなかったなら、私もまた付和雷同して、魔女狩りに参加していたかもしれない。このような個人的経験からも、私は魔女狩り事件に興味を抱いたのだった。

マリーズ・コンデが『わたしはティチューバ』で描き出す魔女狩り事件は、セイラムの村で実際に起こった史実に基づいている。カリブ海に浮かぶ島バルバドス出身のティチューバという実在の黒人女性が主人公である。もちろん、小説であるから、史実そのものを記述したものではないが、同じカリブ海に生まれ育った作家コンデが描き出すティチューバの姿は、自然に生きる女性のたくましい存在感に溢れている。

冒頭に引用したのは、彼女が仕える牧師サミュエル・パリスの娘ベッツィが、最初の発作を生じる場面である。過呼吸発作ではないかと思われるこの現象が一緒に暮らす少女たちの間に広まり、集団ヒステリーの様相を帯びてくる。厳格な宗教的非寛容が人々の生活の隅々までを支配している閉鎖的な村では、この現象は悪魔のしわざとされ、大々的な魔女狩りに発展していった。

セイラム村の魔女狩り事件が起こったのは一六九二年であるが、新世界ニューイングランドの地における魔女狩りの歴史はさらに古く、記録によると、最初の魔女裁判は一六四八年にボストンでおこなわれた。その後もマサチューセッツからコネティカットにかけての清教徒のコロニーでは魔女狩りが頻繁に続いた。対象のひとつとしてよく知られているのは、ハンチントン病という名の遺伝性舞踏病である。絶え間ない不随意運動のため、ミサや説教の途中もじっとしていることのできない舞踏病患者は、神を冒瀆する者として、しばしば魔女裁判にかけられたという。

ハンチントン病は、一八七二年、ジョージ・ハチントンによって報告された遺伝性の病気である。ジョージの祖父は、ニューヨーク州ロングアイランドのイーストハンプトンで開業した医師であり、父もまたこの地の開業医として一生を過ごした。ジョージは子供の頃から父の往診について行っていたが、ある日、道端で母娘と思しき、瘦せて背の高い二人の女性たちに出会う。お辞儀をしたり、体をねじったり、顔をしかめたりを繰り返している姿を見たジョージ少年は一種の恐怖感を覚えた。父と二言三言会話を交わしたあと、二人は去っていった。以来、「この病気」は、彼にとって忘れられないものとなった。長じて医者となった彼のもとには、祖父の代から蓄積された「この病気」の記録が残されていた。一八七二年、オハイオ州に落ち着いた彼は、祖父の代からの記録に基づき、「舞踏病について（On Chorea）」という歴史的な論文を発表した。ひとつの新しい病態を完璧に記載した論文は、ただちに米国の医学界において高く評価されることとなり、この病気には彼の家名が冠されることになった。

その後、ハンチントン家の三代の医師たちが記載した患者たちの家系に関する調査が進められ、米国東海岸地域のハンチントン病の遺伝子は、一六三〇年、英国のヤーマス港から船出し、三ヶ月後にセイラムの地にたどり着いた清教徒の船団によって伝えられたことが明らかになった。この移民集団の中に、英国サフォーク州出身の三人の人物ジョフリー・ハースト、ニ

米国東海岸にある「プリマス・プランテーション」。

コラ、妻エリンがいた。いずれもハンチントン病の家系だった。ニューイングランドの地に広く住み着いた彼らの子孫からは、多くの患者が出て、そのうちの少なからぬ数の者たちが、魔女裁判によって処刑された。ハンチントン家三代の医師たちが観察したイーストハンプトンの家系も、この一族の子孫たちであった。

新世界における自由を夢見て英国からニューイングランドへ移民した清教徒たちの物語は、メイフラワー号の名とともにわれわれの耳にも親しいが、その裏に秘められたハンチントン病患者たちの悲劇については、一般的な歴史の中で語られることはない。過酷な環境の中で生き抜いていった清教徒たちの開拓者魂は賞賛に値するものではあったろうが、彼らの社会のなかに渦巻いていた非寛容の精神は、必然的におぞましい魔女狩りを生み出した。非寛容が生み出すこのような悲劇は、軍国主義時代に生み出された国賊という言葉や、連合赤軍の事件などで示されるように、わが国においても何度となく繰り返えされている。

米国東海岸のケープコッド半島の根元近くに、メイフラワー時代の清教徒の村を再現した「プリマス・プランテーション」という観光スポットがある。海辺に面した穏やかな斜面に、木造の小屋が立ち並び、十七世紀風の衣装を着た村人たちが、当時の生活そのままに暮らしているのを見物することができる。ここを訪れたのはもう四十年近く前だが、開放的で楽しげな村人の様子は、今でも鮮明に目に浮かんでくる。しかし訪れた頃は、一見穏やかなその社会が、実際は非寛容の呪縛にがんじがらめに囚われていたということには思い至らなかった。

15　アベ・プレヴォ『マノン・レスコー』
――サルペトリエール病院――

「おお、神様。僕の美しい恋人が、大事な僕の女王が、誰よりもいちばん恥かしい人間として、オピタルに閉じこめられているなんて。恥や苦しみで死なないでいるだけの力がどこへゆけば僕には見つかることでしょう」

（アベ・プレヴォ『マノン・レスコー』河盛好蔵訳　岩波文庫）

四十年以上前、私はパリ十三区にあるサルペトリエール病院で神経学の臨床を学んでいた。サルペトリエール病院は、一八八二年、世界で最初の神経内科学講座が開設された病院である。一八六〇年代からこの病院で神経内科学の診療と教育をおこなってきたジャン＝マルタン・シャルコーの主宰する神経病クリニックは、この年、パリ大学医学部の正式な講座となった。そのため、サルペトリエール病院といえば、神経内科医にとって聖地とも言うべき由緒ある病院となっている。

サルペトリエール病院の前身は、ルイ十四世の勅令によって創設された貧民救済施設で、当初の目的は、パリ市内の女性浮浪者を施設内に収容することだった。当時のパリの人口は約五十万人、そのうち浮浪者が五〜六万人に達していたという。浮浪者たちはパリの街で物乞いをしながら暮らしていたが、一六五六年四月二十七日、十八歳の国王ルイ十四世は、「パリの貧者を収容するためのオピタル・ジェネラル」設立の勅令を出した。「パリには、いまや数え切れぬほどの浮浪者や乞食たちが侵入し、罰せられることもなく不埒な生活を送っている。彼らの放埒を防ぐと同時に彼らの窮乏を救わんとして、国王陛下は四月の公開状をもって、五箇所の施設をオピタル・ジェネラルの名の下に統合することを命じられた。国王の命ぜられたところは、貧困者は、年齢と性を問わず、このオピタル・ジェネラルに収容されるべきであること、障害のあるものや高齢者はこれらの施設においてあらゆる援助を得るべきであること、それらの施設においては様々な職種についての働き手を雇うべきであること、そしてそれらの施設においては、全ての者が慈悲の義務を負うべきであると教育されるべきこと」であった。

当時、「オピタル（hôpital）」という言葉は、今日のような「病院」ではなく、監禁施設を意味していた。最も古いオピタルは、一六一二年にルイ十三世の妃であったマリー・ド・メディシスによって設立されたノートル＝ダム・ド・ラ・ピティエで、主に子供の浮浪者を収容するための施設だった。ルイ十四世は、ここに加えてサルペトリエールとビセートルをオピタル・ジェネラルとし、前者には女性の浮浪者を、後者には男性の浮浪者を収容した。さらに、ルイ十四世が築いた建造物のうち最も美しいとされる廃兵院《アンヴァリッド》には、障害をもった兵士たちを収容した。勅令ではオピタルは五箇所とされているが、主な施設はこの四つで、他に数箇所の小規模な収容施設が用意された。

サルペトリエールの名は、ルイ十三世時代に建設された火薬庫の名に由来している。それまでパリ市内にあった火薬庫が何度も爆発事故を起こしたことをきっかけに、当時は市外であった地に新火薬庫が建設された。この新火薬庫は、火薬の原料である硝石《サルペートル》を取り扱うことから、「ラ・サルペトリエール（La Salpêtrière）」という名前で呼ばれた。一六五三年に火薬庫の機能はヴァンセンヌに移されたため、サルペトリエールの火薬庫の再利用案として、浮浪者の収容施設を建設する計画がなされたのである。

オピタル・ジェネラルへの浮浪者たちの収容が始まったのは、一六五七年五月七日であった。収容といっても、実際には浮浪者狩りと言ってもいいようなありさまで、国王の巡査隊がパリの市内を駆け巡って、女性の浮浪者たちを狩り集めた。巡査隊によって有無も言わされずに馬車に積み込まれた女性たちは、そのままサルペトリエールに護送されていったのである。

こうして、サルペトリエールには約六〇〇〇人の女性が収容されたが、そのうち一七〇〇人ほどは自由を奪われた監禁状態にあった。監禁状態の収容者は、大きく三つのカテゴリーに分けられていた。第一は精神障害者で、彼女たちは、鎖で壁につながれて家畜同様の扱いを受けていた。第二は娼婦たちで、約四〇〇人が収容された。第三が犯罪者とされた者たちで、二〇〇人ほどが監獄棟に監禁された。

ちょうどこの頃、フランスは新大陸において英国と植民地争奪戦を繰り広げていた。英国は、ニューイングランドと呼ばれるようになった東海岸の植民地を拠点として、南北へと領土を広げていた。これに対しフランスは、まず十七世紀初頭にセント・ローレンス川沿いのカナダの地に植民地を建設した。今日のケベックは、こうして生まれたのである。十七紀末になると、フランス人ラサールの率いる一隊が、英国人たちがまだ占領していないアパラチア山脈の西側の土地に入り、次いでここから南下してミシシッピー川の上流に達した。さらに、彼らはミシシッピー川を下航し、周囲の肥沃な一帯を国王ルイ十四世に捧げ、ルイジアナと名づけた。ルイジアナにフランス植民地が建設されたのは一六八〇年代であり、一七一〇年頃にはその中心として新オルレアン（Nouvel Orléans）、すなわち今日のニューオーリンズ（New-Orleans）が建設された。そして、この地への植民を進めるため、フランス政府はオピタル・ジェネラルの収容者をルイジアナに送り出すことにしたのである。

サルペトリエールから新大陸への最初の出発は一七二〇年のことであった。フランスの国王はルイ十四世からルイ十五世に代わっていたが、王の名前がルイであることには変わりなく、植民地ルイジアナの名前はそのままであった。

新大陸への出立の日、サルペトリエールのサン＝ルイ教会の前には、兵士たちに囲まれた人々が二列に並んでいた。ひとつの列は男ばかり、もうひとつの列は女ばかりだった。男たちには結婚指輪が、女たちにはシャツが渡されていた。一人の牧師が全員を祝福し終えると、兵隊たちは一組ずつの男女を銃の台座で祭壇の前に押し出し、強制的に結婚させた。こうしてつくられたカップルは別々に鎖で繋がれ、ル・アーヴルに停泊中の船に乗せられ、ルイジアナに向かった。そして、彼らの初夜はルイジアナまでお預けにされたのである。

『マノン・レスコー』は一七三一年に出版されたが、作者アベ・プレヴォは、一七二八年のある時期、サルペトリエールのサン＝ルイ教会に滞在していた。また、それ以前に滞在していたノルマンディーで、オピタル・ジェネラルの娼婦たちがル・アーヴルの港に送られていく光景も見ている。小説の中で、マノンの恋人デ・グリューがオピタルに対して抱く忌まわしきイメージは、作家のこれらの体験に基づいているものであろうが、これは十八世紀の人々がオピタルに抱いていた一般的なイメージそのものである。オピタルのひとつであるサルペトリエールに収容されていた女性となれば、娼婦か、犯罪者か、または当時は人間性を全く認められていなかった精神障害者、つまり当時の社会からは完全に疎外される存在であることを意味していた。『マノン・レスコー』の冒頭、旅の途中で偶然出会った美しい囚人が、なぜアメリカに連れて行かれるのかという質問に対し、彼女を護送する邏卒長は次のように答える。

「我々は、警視総監の命令によって、彼女をオピタルから連れて来たのです、と彼は言った。——善いことをして、あんな処へ監禁されるはずはありません。」

これが、サルペトリエールに対して当時の一般の人々が感じていた正直な見方であることに間違いはない。

そのサルペトリエールに、マノンは二回も収監されている。いずれも、デ・グリューとの共謀による詐欺行為によるものであった。最初の監禁のときは、デ・グリューの手引きにより、獄吏を買収して、まんまと監獄棟からの脱出に成功した。その脱走方法の詳細は、『マノン・レスコー』に詳しく述べられている。

サルペトリエール病院の「マノン・レスコーの中庭」。

しかし、さすがのマノンも二回目の収監からは逃れることができず、とうとうここからルイジアナ送りになってしまう。マノン・レスコーのこれら二回におよぶ監獄棟収監にちなんで、今でも残る監獄棟にある二つの中庭のひとつは、「マノン・レスコーの中庭」と呼ばれるようになった。もの思いに沈む美しき女囚を偲ばせるロマンティックな名前の中庭である。

監獄棟のもうひとつの中庭は「九月

の虐殺の中庭」と呼ばれている。これは、一七九二年九月四日、この中庭で現実に起こった事件にちなんでいる。この日、サルペトリエールになだれ込んだ群衆は、即決裁判の末、三十五人の女囚たちをここで処刑した。その中には、ほんの微罪で収監されていただけの十七歳の少女も含まれていたという。

このように血なまぐさい記録の残る監獄棟からの逃亡に実際成功した人物の一人に、「首飾り事件」で有名なド・ラ・モット伯爵夫人ことジャンヌ・ド・ヴァロアがいる。彼女は、ロアン枢機卿を騙して、王妃マリー・アントアネットの替え玉との逢引を画策した。それとは知らぬロアン枢機卿が、王妃だと思った替え玉にダイアをちりばめた首飾りを手渡し、それを巻き上げて売り払ってしまったという詐欺事件である。彼女は一七八六年六月にサルペトリエールの監獄棟に収監されたが、一年後の一七八七年六月五日にサルペトリエールを脱出し、その後の行方は不明となった。どのようにして脱出できたのかは謎とされているが、半世紀も前に出版されていた『マノン・レスコー』を読んでいたとすれば、ここからの脱出計画を立てることはさほど難しくはなかったように思われる。もしかしたら、『マノン・レスコー』は、ド・ラ・モット伯爵夫人脱出事件の参考にされたのかもしれない。

さて、マノンは悪女だったのだろうか。何度となくデ・グリューを欺きながらも、彼を愛するマノンの心には決して嘘偽りはない。やっと二人だけの本当の幸せをつかみとったかに思われたルイジアナの地で、窮地に陥ったデ・グリューと共に、命がけの愛の逃避行を試みるのは彼女の意志であり、その決断は彼女の命を奪ってしまう結果となる。自らの死をもって示したマノンの行為は、愛する人への裏切りへの償いだったのだろうか、あるいは本当の愛の証を示す行為だったのだろうか。私にとってのマノン・レスコーの魅力は、彼女のこの最後の行為選択にある。詩人ポール・エリュアールは、「立派な愛は人を殺す」と言っている。マノンは、自らの命を愛する人に捧げることによってこれを実践した。そうであるなら、マノンの愛はやはり立派な真実の愛だったと、私は信じる。

16 テネシー・ウィリアムズ『欲望という名の電車』
――嘘つき脳の働き――

ミッチ　嘘をついていたんだな、ブランチ。
ブランチ　嘘なんて、そんな。
ミッチ　嘘だ、嘘、なにもかも大嘘だ。
ブランチ　ちがうわ、少なくとも心のなかでは嘘をついたことはなかった……
（テネシー・ウィリアムズ『欲望という名の電車』小田島雄志訳　新潮文庫）

マノン・レスコーから二百年以上遅れて新オルレアン（芝居の中ではニューオーリンズ）にやってきたブランチ・デュボア。没落した名家出身の彼女は、「欲望」という名の電車に乗って、「墓場」という電車に乗りかえて、「極楽」という駅に降り立つ。
エリア・カザン監督の映画は、ヴィヴィアン・リーの演ずるブランチが妹ステラの家に来る場面から始まっていた。場所はニューオーリンズのフレンチクォーター。汚らしい家が立ち並ぶ中に、掃き溜めの中の鶴のように舞い降りた美しいブランチ。妹の夫、マーロン・ブランド演じるスタンリー・コワルスキーは、貧しさの中でたくましい生命力を発揮して生き抜いている粗野な男だった。この二人の対決は、最初のうちはスタンリーの粗暴さだけが目につき、ブランチがいじめにあっているように思われてかわいそうでならないのだが、次第に立場が逆転する。何から何まで虚飾に彩られたブランチの嘘に対し、真実を明らかにしていくスタンリーの誠実さがはっきりと見えてくる。もう何十年も前に見た映画だが、二人の価値観のすさまじいまでの衝突、立場が逆転していくさまが強く印象に残っている。

ブランチの虚言にたぶらかされ、スタンリーの親友ミッチは彼女との結婚を考える。冒頭に引用したのは、スタンリーからブランチの真実の姿を聞かされたミッチが、ブランチに詰め寄る場面である。ここで注目したいのは、ブランチの「少なくとも心のなかでは嘘をついたことはなかった」という言葉である。ブランチの語る物語は、語れば語るほど、彼女自身にとって真実になっていく。真実を追及するミッチに対し、ブランチは次のように答える。

「真実なんて大嫌い」

「私が好きなのはね、魔法！　そう、魔法よ！　私は人に魔法をかけようとする。物事を別の姿にして見せる。真実を語ったりはしない。私が語るのは、真実であらねばならないこと」

真実とは本来、それ自体に価値のあるものではない。しかしブランチは、真実と、真実であらねばならないことの違いをよく理解している。真実であらねばならないこと――それは価値観により脚色された真実と言えるだろう。彼女と価値観を共有できる人なら、彼女が真実であらねばならないとしたことを真実として受け入れることができようが、その価値観を認めることができなければ、彼女が語ることは真っ赤な嘘ということになる。ブランチの心の中の真実は、他人からみた真実とは食い違っている。しかし、他人が真実とは認めない部分が、ブランチ自身にとってはかけがえのない真実なのである。

嘘をつく能力は、動物が生き抜いていくために必要欠くべからざるものである。敵から逃れるため、あるいは獲物を捕らえるために、動物たちはさまざまな嘘をつく。木の枝や木の葉の色や形を真似て、鳥に食べられぬようカムフラージュする虫。うごめく虫のような舌の突起を動かして、大口を開けたまま、餌になる小魚が口の中に入ってくるのを待っている魚。動物の進化は、嘘つき能力の進化といえるかもしれない。

霊長類研究者の松沢哲郎氏が、宝探しゲームというおもしろい実験について述べている。実験は、二千平方メートルほどの広い放飼場で、四人（松沢氏はチンパンジーを「匹」ではなく「人」で数える）の子供のチンパンジーを使っておこなわれた。まず、四人のうちの一人を、彼らの居室からこの放飼場に連れてくる。そして、ある目印の下に隠しておいたバナナを示す。

その子を居室に戻し、今度は四人を一緒に放飼場に放つ。さきほどの子供はバナナのところに行って、これをムシャムシャ食べる。残された三人は何のことだかわからず、きょとんとしている。次に、今度は別の一人を連れ出して、バナナを隠した別の場所を目撃させ、居室に戻す。そして再び四人を一緒に放つと、今度はその子が駆け出していってバナナを獲得する。これを繰り返していくと、どのチンパンジーも、事前に連れ出された子がバナナのありかを知っていることを理解するようになる。一緒に放飼場に出されると、事前に連れ出された子の挙動を残りの三人が観察し、その子が走り出すや否や、他の三人が一斉に走り出すようになった。そうすると、目撃した子よりも年かさで足の速い子のほうが先にバナナを探し出してしまい、目撃した子は必ずしもバナナを獲得できなくなる。このあと、一番年下のチンパンジーを連れ出してバナナの隠し場所を教えたのち、全員を放飼場に放った。自分の挙動をじっと観察している三人の前で、おちびさんは走り出すことをせず、バナナのありかとは関係ない方向へブラブラと歩き始め、何ごともなかったかのように遊びだした。他の三人は、きょとんとしたままこれを見ている。ブラブラ歩いたり、遊んだりを繰り返しながら、おちびさんは少しずつバナナの隠し場所に近づいていく。そして、あと数メートルのところまでくると、やおら走り出し、バナナをとって食べた。松沢氏は、これを「あざむきの戦略」と呼んでいる。他者を欺くための嘘つき行動と言うことができるであろう。他者が何を考えているかを推し量り、他者の期待通りの行動をする代わりに、期待を裏切るような行動に出るという戦略は、きわめて高度な嘘つき行為である。

　ヒトやチンパンジーは、他の動物に比べて大きな前頭葉を持っている。この前頭葉こそが、嘘つき脳として働く主体である。われわれは、感覚という形で、外界からのさまざまな情報を得ている。空腹感とか口渇感といった体内に由来する感覚もこれに含まれる。これらの感覚に基づいて、われわれは行動選択をするのであるが、ほとんどの感覚情報は大脳半球の後半部に集められ、ここで情報の意味解読がおこなわれて適切な行動が選択される。たとえば、なにか赤い球形のものが、甘酸っぱい匂いを発しているとしよう。手に取って触れ、視覚や嗅覚の情報と合わせて総合的に判断すると、「これはリンゴである」と言う結論に達する。その意味解釈に従って、脳は「これを食べる」という行動をすることになる。これは、リンゴというものに対する一般的な意味で適切な行動の選択であり、大脳半球の後半部は、このような素直な行動選択をおこなうので、私はこれを「正直脳（cerveau honnête）」と呼んでいる。

　一方、これと同時に、前頭葉には正直脳が獲得した感覚情報の全てのコピー情報が送られてくる。それだけではなく、前頭葉には、これらの感覚情報に関連する過去の記憶情報も動員されてくる。これは、「作動記憶（working memory）」と呼ばれている脳の働きで、現実世界の情報と経験した記憶情報とを同じ場に引き出してきて、さまざまな行動のシミュレーションをおこない、それによって得られる仮想的な結果を参照して、最適な行動を選択するために必要な脳の働きである。たとえば、正直脳が目の前にあるものをリンゴであると判断し、これを食べ

テネシー・ウィリアムズ『欲望という名の電車』

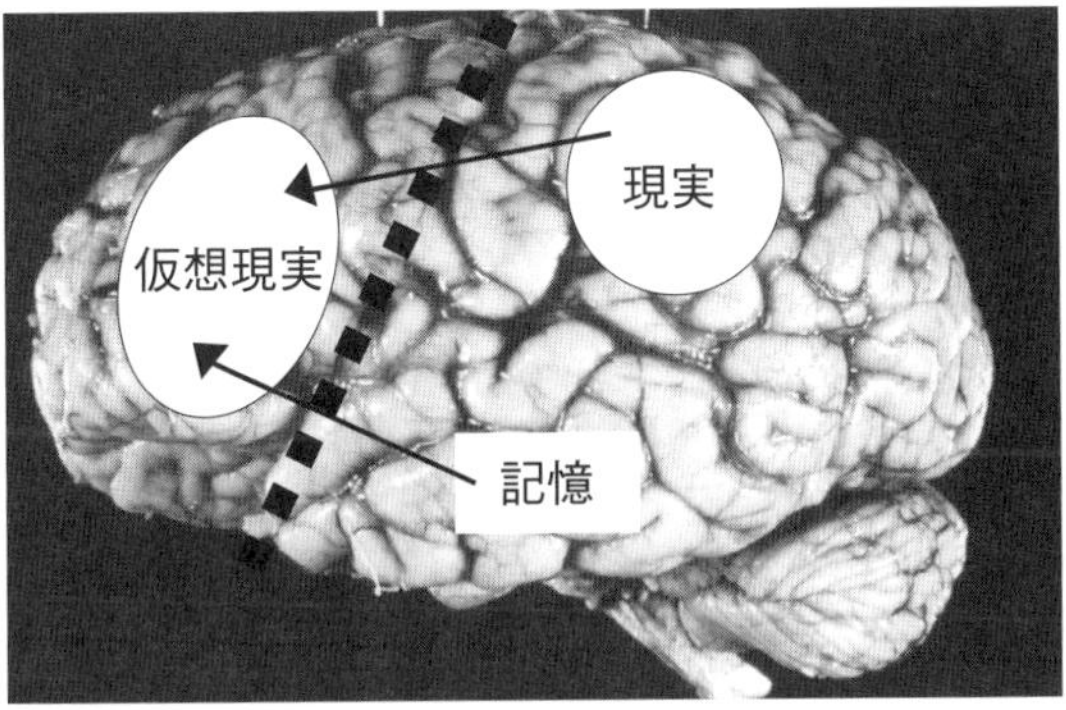

太い点線より右が「正直脳」、左は「嘘つき脳」。「嘘つき脳」は「正直脳」から現実情報のコピーを受け取ると同時に、記憶の中から関連情報を取り出してきて、仮想現実をつくり出すことができる。

ようとするとき、前頭葉での行動のシミュレーションとして、『白雪姫』の物語が動員されてきたとすれば、「目の前のリンゴには毒が仕込まれているかもしれないから、これは食べないでおこう」という行動選択が生じるかもしれない。

このように、大脳の前半部である前頭葉は、紋切り型の行動しかとらない正直脳に対し、言わば現実に嘘をつくような形でより有利な行動をとらせる。私は、前頭葉のこのような働きを、「嘘つき脳(cerveau menteur)」と呼んでいる。嘘つき脳の本来の存在意義は、仮想的な行動選択のシミュレーションをおこなって、より適切な行動選択をすることにあるが、その能力は、現実とは離れた仮想的な環境をつくり上げる能力、すなわち嘘をつくことに通じる能力でもある。さらに、このような嘘つき脳の働きがあるからこそ、あらゆる芸術的創造が生まれるとも言える。

イラク戦争をはじめとする中東の紛争により、米軍はアルカイダの一員と目される多くの人物を捕らえ、さまざまな情報を聞き出して戦略的に利用しようとした。しかし、彼らの述べる情報の中には、全くの虚偽もあり、これを真に受けてアルカイダの拠点と思われたところを空爆したところ、一般住宅を誤爆してしまったということがあったらしい。このため、米軍関係の研究施設では、ＭＲＩなどを用いた脳機能画像法によって、人が真実を述べているときと、嘘を述べているときの脳の働きの違いを明らかにしようという研究がなされた。その結果、真実を述べているときには頭頂葉を中心とする「正直脳」の領域が働くのに対し、嘘を述べているときには、両側の上前頭回と、左前頭前野の腹側部分、すなわち「嘘つき脳」の領域が働くことが明らかにされた。

『欲望という名の電車』のブランチ・デュボアが、真実であらねばならないことを語っているときには、これらの「嘘つき脳」の領域が大いに活動していたのだろう。

17　ジェイムズ・ジョイス『痛ましき事件』
――アルコール中毒――

或る夕方、彼は一口のコーン・ビーフとキャベツを口に入れかけて、手をとめた。飲み水の壜に立てかけた、夕刊の記事にじっと眼を注いでいた。食べ物の塊を皿に戻して、丹念にその記事を讀みだした。それから一杯の水を飲み、皿を片方に押しやり、自分の両肘の間に新聞を二つに疊んで、その記事をくり返しくり返して讀んだ。キャベツは、皿の上に、冷えて白くなった脂を流しだした。

（ジェイムズ・ジョイス『ダブリン市民』所収　安藤一郎訳　新潮文庫）

高校時代のある日、女友だちの一人から『ペンフルケース』という心にしみる小説があることを聞いた。私には「ペンシルケース」と聞こえたので、鉛筆箱の話が心にしみるとはどういうわけかと思ったのだが、彼女はそれがジェイムズ・ジョイスの『ダブリン市民』という短編集の中のひとつで、邦題は『痛ましき事件』というのだと教えてくれた。英語が堪能な彼女は、これを原文で読んだという。私も負けじと紀伊國屋書店に赴き、ペンギン・ブックスの*Dubliners*を買った。〝A Painful Case〟はこの本に収められた十五編の短編のうち十一番目の小説だった。わずか十一ページではあったが、辞書を引き引き読むので、たいそう骨が折れた記憶がある。

『痛ましき事件』の主人公ジェイムズ・ダッフィー氏は銀行の出納係。友達はなく、政治的にも宗教的にも党派に属せず、世俗の交わりを嫌い、ワーズワースを読み、時折モーツァルトを聴きにオペラや音楽会に行くというひとりだけの知的精神世界を守り、平々凡々たる日々を過ごしていた。その彼が、ある日の音楽会で出会った知的なシニコウ夫人に興味を持ち、彼女と知的会話を楽しむようになる。シニコウ夫人の夫は商船の船長で、一人娘がいた。後ろめたいことの嫌いなダッフィー氏は、シニコウ邸で彼女と会い、長い時間会話を楽しんでいた。ダッフィー氏にとって、それは友人との知的な会話であり、自分自身の思想を語る機会であったが、夫が留守がちのシニコウ夫人にとって、ダッフィー氏の来訪はそれ以上の意味を持っていた。ダッフィー氏は、自分の精神世界を表す本を彼女に貸し与える。耳を澄まして話に聴き入るシニコウ夫人の中に、自分に対する崇拝の念を感じて悦に入っていたが、ある日彼女がそれ以上のものを求めていたことを知って、交際を絶ってしまう。ダッフィー氏は机の中の紙片に、「性的関係の存すべからざるが故に男性間の愛は不可能なり。また性的関係の存せざるを得ざるが故に男女間の友情は不可能なり」と書いた。

それから四年後、元通りの生活を営んでいたダッフィー氏は、いつもの料理店で食事をしながら夕刊紙を読んでいた。そこに載っていたひとつの記事が、彼の時間を止めてしまう。呆然として活字を見詰める彼の周りで、静かに過ぎ去っていく時間を記述したのが、冒頭の引用である。私には「皿の上に、冷えて白くなった脂を流しだした」というキャベツの描写が、ひどくリアルで悲劇的なものに思えた。夕刊には、駅の構内で轢死したある女性の「痛ましき事件」の記事が載っていた。犠牲者はシニコウ夫人で、二年前から酒びたりになり、夜になると、しばしば駅構内の線路を横切って酒を買いに出かけていた。事故はその途中でおきたと記されていた。しかも、そのような事情から、汽車の運転士にも鉄道会社にも責任はないとされたと書かれていた。これが、あのとき彼女を拒絶したその結果であることを知ったダッフィー氏は、自分の道徳観が粉々に崩れていくのを感じ、たとえようもない孤独を感じるのだった。

高校生だった私たちに、この短いストーリーがどこまで理解できたかは疑問だが、この小説を読んだ友人たちと、男女間の友情が可能かどうかについての議論を交わしたことは覚えている。もとより、全くそういった体験のない者ばかりの議論である、観念的な机上の空論に終始したことは間違いない。

しかし、私にとってもっと理解し難かったのは、「酒びたりの女性」であった。その頃の私には、実感のない言葉だったからである。確かに私の周囲にも、酒びたりの人たちはいた。身近なところでは、母の叔父が家の近くに住んでいて、しょっちゅう我が家に来ては酒を飲んでいた。入り婿であった大叔父は、大叔母の手前、自分の家では自由に飲むことができなかったのだろう。高校から帰宅すると、しばしば我が家に来ていて、母につけてもらった燗酒をちびちびと飲んでいた。半分酔っ払った大叔父は、私を自分の前に座らせて酌をさせながら、いろいろと説教じみたことを言ったり、冗談で笑わせたり、たいそうにぎやかだった。そのうち徳利が空になり、私が「おじさん、もういい?」と尋ねると、大叔父は必ず「もういい、もういい」と答える。私が「お母さん、お酒はもういいって」と怒鳴ると、大叔父は決まって、「お前は正直なやつだなあ」と驚いたふりをする。そして、母がもう一本徳利を持ってくると、「もういい、もういい」と言いながら、杯を差し出してくる。私が「もういいって、言ったじゃないか」と徳利を取り上げようとすると、「もういいって、言ってるじゃないか」と言って、杯を突き出してくる。そこで私が酒を注ぐ。そんなゲームを繰り返しながら、一本また一本と徳利が空になっていく。こういう酒好きの大叔父とのゲームをある意味では楽しんでいたから、酒びたりが悲劇につながるという筋立てがピンとこなかったし、そもそも女性が酒びたりになるようなことがあるのだろうかと不思議だったのである。

それから十数年後、パリで神経内科臨床と神経病理の勉強を始めた私は、アルコール関連の神経疾患が多いことに驚いた。特に、高齢女性のアル中患者が多い。一年の間に、三回も入院してきた末梢神経障害のおばあさんなどは、すっかりなじみになるほどだったが、いつもほとんど歩けない状態で入院してきた。入院して禁酒させ、きちんとした食事を摂らせると、症状は急速に改善して、しっかりと歩けるようになる。ところが退院して家に帰らせると、またたくまに歩けなくなって再入院、ということを繰り返した。家に帰ると酒びたりでまともな食事をしなくなるので、たちまち末梢神経障害が再発するのだ。そんな彼女の中に、私は、昔小説で出会ったシニコウ夫人の姿を見ていた。

当時学んでいたパリの病院では、外来も病棟も、仕事のほとんどは午前中に終わってしまっていたので、午後はほとんど毎日、レイモン・エスクーロル先生が主宰されていた神経病理学研究室で過ごしていた。たまたま剖検例があったりすれば、一歳年上のジャン＝ジャック・オーヴ先生の補佐として病理解剖を手伝ったりしていた。オーヴ先生は当時はまだ助手だったが、のちにエスクーロル先生が急死された後は、病理学教室主任教授になった私の兄弟子である。しかし病院内での剖検はそうざらにあったわけではないので、ほとんどの午後は、教室にファイルされていた剖検例の顕微鏡標本を見て、神経病理学の基礎の勉強をしていた。特に、日本にいた頃にはあまり出会うことがなかった疾患の病理標本を選んで、資料中の病歴や臨床所見を参照しながら、標本を見ていた。

病棟や外来で頻繁に観察したことがきっかけで、アルコール関連神経疾患に興味を持った私は、神経病理学研究室にファイルされているアルコール関連神経疾患の剖検例を調べてみることにした。あっというまに十五例以上の剖検例が出てきた。これらの剖検例ファイルには、それぞれの症例の簡単な病歴と神経内科所見が記載されている。さすがにワインの本場だけあって、すさまじいストーリーが残されている。たとえば、七十歳で亡くなったある女性の病歴は次の通りである。

「六年前に精神錯乱で某病院に一ヶ月間入院したが、完全に回復した。亡くなる四ヶ月前に起立歩行のふらつきが始まったが、精神活動は全く正常だった。その一ヶ月後、自宅で意識障害を生じているのを発見された。室内には一リットル入りのワインボトルが十五本あり、そのうち十三本は空だった」

病歴はたったこれだけ、単純明快である。患者はアルコール性神経障害と診断され、治療を受けたが二ヵ月半で亡くなった。剖検では、ウェルニケ脳症（アルコール多飲者におけるビタミンB1欠乏で生じる脳病変）とアルコール性小脳萎縮、そして末梢神経障害が見られた。つまり、アルコールそのものの毒性と共に、アルコール多飲によって生じてくるビタミンB1欠乏症が加わって引き起こされた、典型的なアルコール関連脳神経障害だったわけである。

この病歴を読んで、ワインの一リットルボトルなるものに興味を抱いた私は、病院からの帰り道、家の近くのスーパーマーケットに寄ってみた。緑色のプラスティックのボトルは確かに一リットル。値段を見ると、なんと九十五サンチーム。同じ大きさのプラスチックボトルに入ったミネラルウォーターのエヴィアンは一フラン十サンチームであったから、確かに水より安いワインである。当時、為替相場は固定制で一フラン（百サンチーム）が七十円だったから、このワインは一リットルで六十六円五十銭、エヴィアンは一リットルで七十七円ということになる。この安ワインがどんなものなのか、一度試してみる必要があると考えた私は、一本買って、家で飲んでみた。ボトルを開けると、異様な味と匂いである。確かにワインとしての味と匂いもある程度あるのだが、それとは別の何か、すなわち、とんでもなくカビ臭く、舌にしみるような味が加わっている。いかにすべきか、一瞬迷ったが、そこは貧乏留学生のさもしい根性が全てを支配してしまった。せっかく買ったワインを捨てるのはいかにももったいないと思った私は、一夜のうちにその緑色のプラスチックボトルを空にし、意識が途絶えてそのまま眠ってしまった。

　さて、翌朝目覚めたときの苦しさ。目を開けると世界がグルングルンと回り出し、頭はズキンズキンと鼓動し、ちょっと体を動かしただけで胃の奥から何ものかがこみ上げてくる。ベッドから体を起こすと、頭がくらくらして意識が途絶えそうになる。結局病院には行けず、一日寝込んでしまった。寝ているうちに午後になり、少し楽になってくると、最小限の思考が可能になる。そこで私は、アルコールだけの作用でこんなになったのではあるまいと考えた。今まで経験してきた二日酔いなど、これに比べれば全く優雅な状態だった。私は、この忌まわしき安ワインには、アセトアルデヒドかフーゼル油、あるいは防腐剤といった有毒物質が、大量に含まれていたのではないかと考えた。それと同時に、数日前まで標本で見ていた七十歳の女性の脳も、安ワインの夾雑有毒物質におかされたのではないかという考えも浮かんできた。それと同時に、一般にアルコール中毒と呼ばれているものも、実はかなり複雑な奥深いものであると実感した。

アルコールそのものに、脳・神経系に対する毒性があることは間違いないと思うが、アルコール中毒の患者においては、実にさまざまな障害因子が加わっていることも事実である。ビタミン欠乏症や低栄養、アルコール性肝障害による肝不全、アルコール飲料に夾雑物として含まれている有害物質や毒性物質、あるいはしばしば生じる頭部外傷などが、互いに複雑に組み合わさって脳機能を障害する可能性がある。そのようなわけで、アルコール多飲者において見られる神経症状は、アルコール中毒とは呼ばず、アルコール関連神経障害と呼んで、いくつかの原因が組み合わさっていることを示唆する表現にするのが一般的である。シニコウ夫人にも、このようなアルコール関連神経疾患が生じていたのだろうか。もしそうだとすれば、いったいどんな変化が起こっていたのだろうか。

18　エミール・ゾラ『居酒屋』
――振戦譫妄《しんせんせんもう》――

両手はもうほとんどふるえず、指先がかすかにぴくぴくするだけだった。しかし夜になると、クーポーはしだいに不安を感じだした。二度も体をおこし、床や部屋のうす暗い四すみをじっと見つめた。突然、腕をのばした。そして、なにか動物を壁に押しつけるようなしぐさをした。

「どうしたの？」ジェルヴェーズは、ぎょっとしてたずねた。

「ねずみだ、ねずみだ」と彼はつぶやいた。

（エミール・ゾラ『居酒屋』古賀照一訳　新潮文庫）

ゾラが描く世界に嫌悪感を抱く人は少なくないだろう。私も、長い間その一人だった。『居酒屋』や『ナナ』を読み、『獣人』や『ジェルミナール』の映画を見て感じたのは、言いようのない汚辱に満ちた凄惨な人間の姿であり、登場人物の誰一人として、共感を呼ぶ存在ではなかった。欲情に振り回される人間たちの、恐ろしいほど生々しい獣性に圧倒されて、何度となく、読み進むのが怖くなった。それにもかかわらず、常にストーリーの最後まで行き着いてしまうのは、自らの心の中にも潜む獣性に対する怖れを打ち消したいという思いがあったのだろうか。

ゾラが描き出す世界は、十九世紀なかば、ナポレオン三世による第二帝政時代のフランスである。それはちょうど、神経内科が生まれた時代と一致している。

一八六二年、パリのサルペトリエール病院に赴任したジャン＝マルタン・シャルコーは、神経内科学の診療、教育、研究を開始した。彼が築いた神経病クリニックは、一八八二年にパリ大学医学部の正式な講座となり、世界初の神経内科学講座が誕生したのである。

私はこのサルペトリエール病院で神経内科学の臨床を学んだ。一九九三年、この病院でシャルコーの没後百年の記念行事がおこなわれた際に、私も参加する機会を得たが、そのとき、ゾラのルーゴン＝マッカール叢書が、奇しくもシャルコーの急死した一八九三年に完成したということを知った。ゾラと、シャルコーのサルペトリエール病院神経病クリニックは、時代を共有していたのである。それを知ったとき、それまで遠く離れていたゾラと私の距離が、急に縮まったように感じた。

ゾラの作品にはさまざまな精神障害が登場する。ここに紹介したのは、典型的な振戦譫妄《しんせんせんもう》、つまりアルコール離脱に伴う急性脳症である。『居酒屋』の主人公ジェルヴェーズの亭主クーポーは、腕のいい真面目なブリキ職人だったが、屋根から転落する事故に遭う。命をとどめたのはよかったが、その後、性格が変わってしまう。小説では病名は語られていないが、おそらく前頭葉損傷による遂行機能障害、今日で言えば、頭部外傷後遺症としての「高次脳機能障害」を生じたのであろう。まともに仕事をすることができなくなってしまったクーポーはアルコール依存症に陥る。ある日、肺炎に罹ったクーポーは、近所のラリボアジエール病院に運び込まれるが、そこで振戦譫妄を生じ、精神障害の専門病院であるサンタンヌ病院に転送される。サンタンヌ病院に夫を見舞ったジェルヴェーズの目の前で、クーポーは、振戦譫妄に特有の、動く生き物が見えるという幻視を生じる。慢性的なアルコール多飲者が急にアルコールを中断したときに生じる典型的な症状で、入院によって必然的に断酒を強いられることになったために、このような幻視が生じたのである。クーポーに見えたのはねずみだったようだが、一般に幻視として見える生き物としては虫が多い。無数のアリやムカデ、ゴキブリなどが、部屋の片隅、壁などに蠢いていると言いながら、不安に怯えるのである。いずれにせよ、見えてくるのは小さな生き物で、猛獣などの大型動物が襲ってくるような幻視ではない。また亡くなった人物が出てきたり、出現した人物に話しかけたりするようなこともない。虫や小動物が出現する振戦譫妄の幻視には、なにか不気味なニュアンスがある。

　酒というものが人類史上いつ登場したのかはわからないが、およそ文明のあったところでは、ほとんど例外なく酒が存在していた。イラン北西部の北ザグロス山脈にあるハッジ・フィルズ・テペという紀元前六〇〇〇年の新石器時代遺跡から台所跡と思われる空間が発掘された際、九リットル入りの土器の壺が六個発見された。壺の底に残っていた物質を化学分析したところ、入れられていたのはワインであることが確認された。現在のところ、これが世界最古のワインと言われている。人類は、実に八千年以上前からワインを飲んでいたことになる。

この当時、ワインの原料となったのはおそらく野生のブドウであろう。そして紀元前四〇〇〇年頃になると、現在のシリア、レバノン、イスラエルあたりの近東地域で、ブドウを栽培して積極的にワインを造るようになる。この頃、メソポタミアでは、ウルやウルクなどのシュメール人たちの都市国家が発展したが、彼らの地はブドウの栽培には適していなかったので、ここでワインが造られることはなかった。しかし、この地から発掘された土器に付着した残渣の化学的分析から、大量のワインが貯蔵され、消費されていたことがわかっている。ワインは、外国のブドウ栽培地から、ティグリス川やユーフラテス川を下って運ばれてきたものと思われる。

紀元前四五〇〇年ごろに書かれたヘロドトスの『歴史』第一巻一九四節には、アルメニア人たちが、椰子材でつくった酒樽に詰めた大量のワインを、柳の枝の骨組みに獣皮を張った船に載せ、川を下って運搬するさまが生き生きと描かれている。ティグリス川の上流には、アルメニア人の住むコーカサス山脈地帯と、先に述べたハッジ・フィルズ・テペのあるザグロス山脈地帯があり、これらの地域でも古くからブドウの栽培がおこなわれていた。またユーフラテス川上流には、近東のブドウ栽培地帯がある。これらの地域で造られたワインは、シュメールの時代にも川を下って運ばれていたのであろう。しかし、当時のワインは輸入品で、一般大衆が飲むものではなく、一部の支配階級の人々、あるいは宗教的儀式の折などに飲まれていたと思われる。実際、シュメール時代に書かれたと考えられている『ギルガメシュ叙事詩』には、次のように書かれている。

エンキドゥはなにもしらない
食物を食べることも飲物を飲むことも彼はならわなかった
宮仕えの遊び女は口を開き、エンキドゥにむかって言った
「食物を食べなさい、エンキドゥよ
(それが)人生のきまりなのです
飲物を飲みなさい、(それが)国のならいなのです」
エンキドゥは飽きるまで食物を食べた
飲物をさかずきに七はいも飲んだ
気持ちが浮き立ち、彼は愉快になった

(『ギルガメシュ叙事詩』矢島文夫訳　ちくま学芸文庫)

エンキドゥは、ウルクの王ギルガメシュの傍若無人なふるまいを抑えようと神が送った勇者の名。全身が毛で覆われていて野獣のような生活をしていた。エンキドゥがウルクの都に向かっていることを知ったギルガメシュは、宮仕えの遊び女《め》を送り込んで、彼を懐柔しようとした。都市国家の主であるギルガメシュに対し、エンキドゥは高地の遊牧の民である。エンキドゥは、都市生活者の食物を食べたことはなかったし、飲んでいたのはミルクだけで、ワインに接したことはなかったのであろう。七杯のワインを飲んで気分が高揚したエンキドゥは、ギルガメシュの策略にかかり、彼の協力者になってしまう。エンキドゥは、ワインによって都市国家の支配者階級に組み込まれてしまったのだった。

旧約聖書に記されたノアの泥酔の話から察すれば、ユダヤの民も昔は酒を飲んでいたはずである。実際、レバノン産のワインは、イギリスなどではたいへん人気がある。また、ノアが箱舟で漂着したアララト山のふもとに広がるアルメニアからジョージア（旧グルジア）も、それこそヘロドトスの時代からワインを生産しており、ジョージアのワインは今でも評価が高い。

世界には、宗教上の理由から飲酒が禁じられている文化が存在するが、飲酒が禁じられているということは、もともとは酒が存在していたことを意味している。酒が存在しなかったとされるアメリカ原住民やエスキモーでは、酒が導入されるや否や、多くのアルコール依存症患者を生み出すことになってしまった。

「猿酒」という言葉はあるものの、人間以外の動物が自らのために酒を造るということは、これまで確認されていない。たまたま木の洞《うろ》に溜まった木の実などが発酵して自然にできた酒を狩人が見つけ、猿がつくっておいたものと考えたことから、猿酒という言葉が生まれたと言われている。

ワインを代表とする果実由来の酒は、自然発酵によってできる。人類最初のワインは、猿酒と同じように偶然にできた自然の恵みであったと思われる。

これに対し、穀類を原料として造られるビールは、穀類を蒸かしてから、麴などのカビを加えて人工的に発酵させなければならない。ワインに比べるとずっと手間がかかるが、紀元前四〇〇〇年頃のシュメール人たちは、ワインを輸入するだけでなく、自分たちでビールも造っていた。シュメール人の残した粘土板には、ビール造りの工程が記されたものがある。それによると、小麦粉で焼いたパンを硬く冷やし、粉に砕いて水を加えてから、酵母の働きでビールを造ったようである。彼らは、こうして造ったビールを葦のストローで飲んだという。紀元前二五〇〇年頃、ウルに君臨したプ・アビ女王の墳墓からは、殉死した女官たちの埋葬品とともに、ワイン用の金杯、銀杯と、ビール用の銀製の五リットル入り広口瓶、それにラピスラズリ製のストローが発掘されている。つまり、彼女たちは毎日五リットルのビールを与えられていたようだ。銀製の広口瓶からラピスラズリのストローでビールを飲む女官たちとは、なんと優雅な宮廷生活であったことか。暑いメソポタミアの地での日常の飲物としては、やはりビールが一番だったのだろう。それにしても、一日五リットルとは少し多すぎるのではないだろうか。アルコール濃度がかなり低かったとしか考えられない。

紀元前六〇〇〇年頃の新バビロニア時代には、すでにホップを添加したビール醸造がおこなわれていたという。メソポタミアに始まったビール製造は、エジプトに伝えられた。紀元前三〇〇〇年頃のエジプトでは、ビールがよく飲まれ、ピラミッド建設労働者たちの労働対価はビールであったとまで言われている。

人類の飲酒歴がこれほど古いにもかかわらず、どうしてアルコールが酩酊状態をきたすのか、そのメカニズムはいまだにほとんど解っていない。麻薬や覚醒薬は、神経細胞膜にあるそれぞれの物質に特異的な受容体というタンパク質に結合して、神経細胞に特定の薬理作用を及ぼすことがわかっているが、アルコールは気体であるため、受容体を介さず、細胞膜を自由に通り抜けて神経細胞に直接作用する。受容体を介さない物質の薬理作用を調べることは困難で、今のところは有効な研究手段がない。酩酊に陥った人がどんな状態を呈するか、あるいは慢性アルコール中毒に陥った人々がどんな奇怪な症状を示すか、そんなことは誰でも知っているというのに、なぜそんなことになるのかというメカニズムについては、いまだ何もわかってはいないのである。

19　ハーマン・メルヴィル『ビリー・バッド』

——善悪判断——

と思った次の刹那《せつな》、闇夜に放った大砲の稲妻のような早さで、彼の右腕が閃めいたかとみれば、クラッガートの身体が床に倒れていた。故意だったのか、それともたんに、強健な若者の優れた長身のせいだったのか、打ち下した拳は、兵曹長の眉間《みけん》にまともに命中していた。あのみめよい、知性を思わす特徴になっていたところの額に！　たちまち兵曹長の身体は、重い甲板いたを横ザマに倒したかのように、ドッと倒れたかとみるまに、ひと息かふた息、あえいだのち、ピクリとも動かなくなってしまった。

（ハーマン・メルヴィル『ビリー・バッド』坂下昇訳　岩波文庫）

メルヴィルと言えば『白鯨』だろう。巨大なマッコウクジラのモビー・ディックと、それを追う怨念の塊、エイハブ船長に最初に接したのは、高校時代に見たグレゴリー・ペック主演の映画だった。映画を見たあとで原作を読んだのだが、小説は冒頭から捕鯨に関する記述が延々と続いて物語がちっとも始まらず、いらいらしたことを思い出す。同じメルヴィルによる『ピエール』も、映画『ポーラX』を見たあとに原作を読んだ。

今回取り上げた『ビリー・バッド』は、最初はベンジャミン・ブリテンの作曲によるオペラだった。パリのオペラ・バスティーユで観たガリ・ベルティーニ指揮『ビリー・バッド』は、出演者が全員男という珍しいオペラで、きわめて印象的だった。この作品もまた、原作を読んだのは、オペラを観たあとだった。つまり、私が接したメルヴィル作品は、いずれも映画やオペラでストーリーが演じられるのを観たあとに読んでいることになる。

それでも、『白鯨』以来、メルヴィルの名は記憶の中に鮮明に残っていた。映画を観てから二十年ほど経ってニューヨークの病院で研修していた頃、メルヴィルのお墓を訪れる機会があった。私が学んでいたモンテフィオーレ病院はニューヨーク北端のブロンクスにあり、病院から数ブロック北に、広大なウッドローン墓地が広がっていた。この墓地には野口英世と高峰譲吉のお墓があり、病院を訪れる日本からの客をしばしば案内した。あるとき、墓地の管理事務所で、ここに葬られている著名人の墓のことを教えてもらったところ、その中にハーマン・メルヴィルの名前があったのである。なんだか懐かしい人のお墓を探し当てた気がして、さっそくお参りに行った。

『ビリー・バッド』は不条理の物語である。ヒトが判断すべき事柄には、いくつかの種類の対立概念がある。真実と嘘、正答と誤答、美と醜、そして善と悪である。これらの二極対立は、一見もっともなように思われるが、よく考えてみると、どれもこれも主観的立場によって、いくらでも逆転し得る危うさをもっている。真実と嘘については、第十六章の『欲望という名の電車』で取り上げたが、正誤の判断も決して一筋縄ではいかない。科学的事実が時代によっていかに変わるかは、地動説を説いたガリレオの例を待つまでもないだろう。美醜の判断に至っては、所変われば品変わるで、文化の違いによって大きく左右される。そしてこれらの対立概念の中でも、判断が最も難しいのは、善悪の問題である。

「善とは何か」「悪とは何か」という問題は、人類史上きわめて古くから論じられてきた。善悪は人間の倫理感に基づく判断であるが、これほど文化によって翻弄されてきた原理はない。その極端な表れが、戦争である。誰しも、個人レベルにおいては「汝、殺すなかれ」に納得しているように見えるが、いざ戦争となれば、たじろぐことなく殺人をおこない、その行為はしばしば周囲の人々から賞賛される。哲学者アーサー・ケストラーがいみじくもヤヌスの顔になぞらえたように、個人レベルの善悪と、集団レベルの善悪とでは全く評価が異なるのが、人間社会の悲しい実態である。戦争においては、被害者＝加害者であり、集団レベルで見るなら、殺された者も殺している。戦争においては、被害者だけの集団というのはきわめて少ない。かつてニューヨークで学んでいた頃、カリフォルニア出身のアメリカ人病理学者と第二次世界大戦のことを話し合ったことがあった。私が「あの戦争ではたくさんの日本人が死んだ」といったとたん、彼は「そうだ、あの戦争ではたくさんのアメリカ人も死んだのだ」と言った。私は、戦争において被害者と加害者の区別をすることの無意味さを痛感した。あの戦争に巻き込まれた日米両国民は、すべて被害者であると同時に加害者でもあったと感じたのである。

英国の商船で働いていたビリー・バッドは、ある日軍艦「軍神号」の水兵に徴用されてしまう。純真なビリーは水兵たちの信頼を得るが、そのことに心安からぬ思いを抱いたのは、腹黒いクラッガート兵曹長だった。クラッガートは、ヴィア艦長に、ビリーは危険人物で反乱を企んでいると告げる。そこでヴィア艦長は、ビリーを艦長室に呼び、クラッガートに対し、ビリーの前で艦長に述べた通りのことを語るように命ずる。狡猾な兵曹長は、ビリーが反乱を企てていると語る。これに対し、ビリーに好意を抱くヴィア艦長は、「何とか言いなさい！　自己防衛をするんだ！」と、発言を促す。しかし、思いもかけない嘘を面と向かって言われたビリーは、怒りのあまり声が出ない。もともと吃音症があるビリーは、気が動転すると舌がもつれ、話し出すことができないのだ。ビリーの状態に気づいたヴィア艦長は、落ち着いてゆっくり話すように命ずるが、それは逆効果だった。しゃべりだすことができないビリーは、とっさに右腕を閃かせ、クラッガートの眉間をしたたかに殴り、一撃のもと、殴り殺してしまう。その場面が、冒頭に引用した一節である。

理由はどうあれ、上官を殺してしまった水兵ビリーは船上の軍事法廷で裁かれ、絞首刑が宣告される。翌日早朝、甲板上に集まった軍艦「軍神号」のすべての乗組員が見守る中、ビリーの刑が執行された。オペラ・バスティーユの舞台では、帆柱と帆桁を組み合わせて、処刑されたビリーの姿が、まるで磔刑図のように見えるという演出がなされていた。

ヴィア艦長以下、「軍神号」の乗組員たちは、ビリーの行為に同情した。罪は裁かれねばならないが、彼の命は救いたいという気持ちをはっきりと示す者もいた。しかし、当時の英国海軍では、水兵たちの反乱事件が相次いでおり、英国海軍の規律のほうが重んぜられることになる。「殴打行為」そのものは、理由の如何を問わず、重罪に処すと書かれた戦時条例に従い、死刑判決がなされたのである。ここにもまた、個人レベルの善悪判断と、集団レベルのそれとが全く反対方向を向いているという、ケストラーの言うヤヌスの顔が覗いている。

近年の神経科学では、社会活動に関わる脳機能の研究が活発におこなわれているが、そのひとつが「神経倫理学」と呼ばれる分野である。ある研究で、次のような実験をおこなった。

あなたが乗っていた客船が北の海で沈没し、あなたは他の乗船客と一緒に救命ボートに乗っている。定員オーバーのため、救命ボートは沈みかけている。全員、救命胴衣を着けてはいるものの、冷たい氷の海に落ちれば死ぬことは目に見えている。救命ボートに乗り込んでいる中に、意識はしっかりしてはいるが、重い病気にかかっていて助かる見込みはない人がいた。この一人を海に投げ込めば、救命ボートは沈むのをまぬがれ、他の人々は助かる。あなたは、この病人を海に投げ込むのを手伝うだろうか。

被験者たちはこの問題を読み、それぞれ自分の判断を答える。そして答えるときの脳の活動

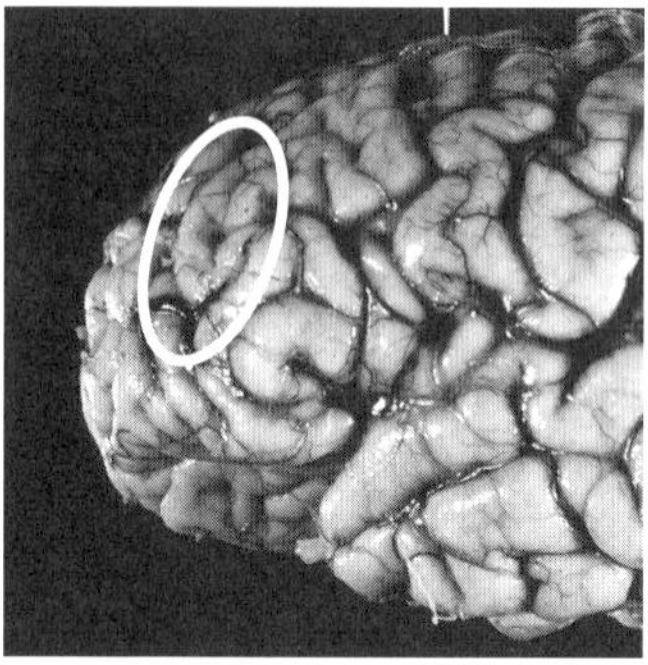

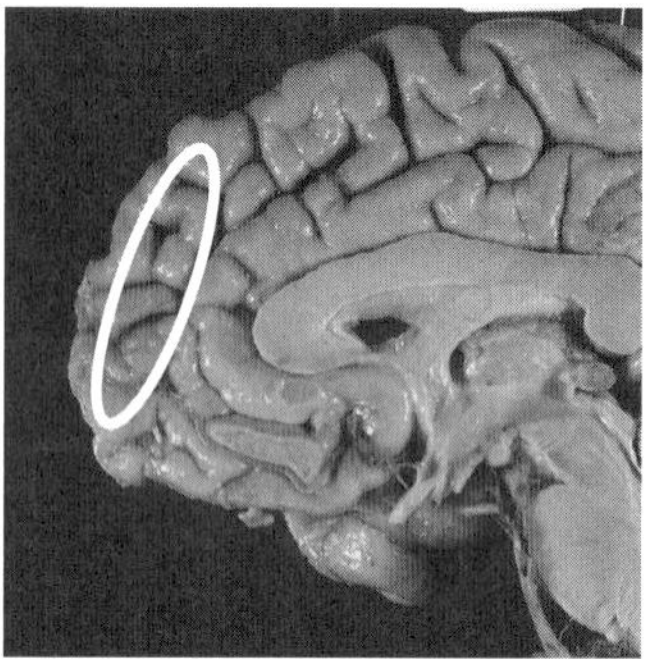

前頭葉の外側（左）と内側（右）。情緒的な善悪判断は内側、集団の利益の善悪判断は外側がつかさどる。

部位が、脳機能画像で調べられた。「投げ込む」と答えた被験者の脳では背外側前頭前野が活動していたのに対し、「投げ込むことはできない」と答えた被験者の脳では内側前頭前野が活動していた。そして、いずれの判断の場合でも、前部帯状回の活動がみられた。このことから、前部帯状回は、情緒的な判断をすべきか、実利的な判断をすべきかを決定するのに働いているのではないかという報告だった。

個人レベルにおける善悪判断の基準は、主として情緒的なものであるが、集団レベルでの善悪判断は、情緒的な基準ではなく、集団の利益を重視する損得の基準を用いてなされる実利的な判断である。神経倫理学の研究からは、脳の構造のうち、前者の判断を司るのは前頭葉の内側であるのに対し、後者の判断をつかさどるのはその外側であることがわかった。これらの領域は、確かにヤヌスの顔のごとく互いに正反対の方向を向いている。ビリー・バッドの裁判に立ち会った判事たちは、前部帯状回を働かせ、前頭前野の内と外、どちら側に決定させようかと迷ったに違いない。しかし、迷った末に主導権を握り、ビリーに死刑宣告を与えたのは、背外側前頭前野であった。

善悪判断に関し、私が長らく疑問に思っていることがある。それは戦争と死刑における善悪判断である。どちらも合法的に殺人をおこなうことが許されている社会活動であるが、日本では死刑は認められているが、戦争は認められていない。これに対し、西欧諸国のほとんどでは、死刑は廃止されているのに、戦争は合法的である。戦争と死刑、どちらの社会活動も社会的善悪判断に基づく基準が適用されているから、合法的殺人の善悪判断は背外側前頭前野でなされているのであろうが、善悪の判断は日本と西欧で逆転している。なぜだろう。人の命を奪うことに対する情緒的な罪悪感は、洋の東西を問わず同じであろうから、内側前頭前野の活動は、人として共通の基準を保障するいわば本能のようなものであると考えられるが、背外側前頭前野の活動は、文化的背景により全く逆方向に変えることができることを示している。この事実が、ホロコーストの神経科学的基盤を解き明かしてくれるのではないだろうか。背外側前頭前野が実利的善悪判断をおこなっているという点では、ヒトはみな同じであるが、その善悪の内容は、法律や規則、教育、習慣といった社会的圧力により、いくらでも変更可能なのである。言い換えるなら、背外側前頭前野における善悪判断の基準を自らが自由に確立できる状態こそが、人間の自由と言えるのではないかと思う。

20　ダンテ『神曲』
——痙性斜頸——

わが目なほひくゝ垂れて彼等におよべば、頤《おとがひ》と胸との間みな奇《く》しくゆがみて見ゆ
すなはち顔は背にむかひ、彼等前を望むあたはで、たゞ後方《うしろ》に行くあるのみ
げに人中風《ちゆうふ》のわざによりてかく全くゆがむにいたれることもあるべし、されど我未だ
かゝることをみず、またありとも思ひがたし
讀者よ（願はくは神汝に讀みて實《み》を摘むことをえしめよ）、請ふ今自ら思へ、目の涙
背筋《せすぢ》をつたひて
臀《ゐさらひ》を洗ふばかりにいたくゆがめる我等の像《かたち》をしたしく見、我何ぞ顔を濡らさゞるをえ
ん

（ダンテ『神曲（上）』山川丙三郎訳　岩波文庫）

ダンテの『神曲』の地獄篇に詠われているこのすさまじい記述は、どう読んでみても痙性斜頸を考えざるを得ない。

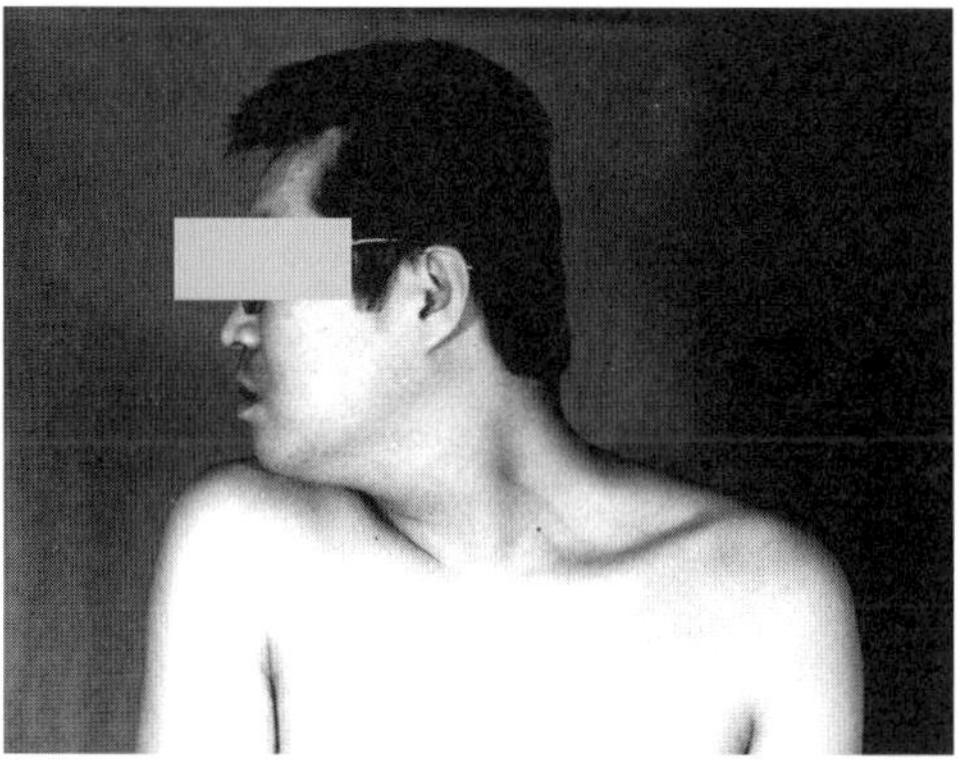

かなり高度の痙性斜頸であっても、ダンテが描き出したほどひどくはないのが普通である。

首が著しく後方に回旋しているがために、歩くときには背中側しか見えず、滴り落ちる涙は、胸にではなく背中に流れていくというのである。ダンテは詩の中で、脳卒中患者以外ではこんな状態は見たことがないと述べてはいるが、このような記述ができたのは、彼が痙性斜頸の患者を観察していたということを意味するのではないだろうか。さもなければ、人間が、これほどまでに不自然な姿勢をとることを考えつくはずはあるまい。痙性斜頸という病態が、歴史上、いったいいつ頃から記載されているのかは知らないが、文学的な記載としては、これが最初ではないかと思う。

詩人ウェルギリウスに伴われて地獄の門をくぐり抜けたダンテは、九つの圏に分かれた地獄で、永遠の苦しみを負っている罪人たちに出会う。斜頸の人々に出会うのは、第八地獄である。ここでは、人を欺くという罪を犯した者たちが、十箇所の房に分けられ、それぞれ責め苦にあっている。このうち第四の房では魔術や占いで人を欺いた者たちが、背腹が逆転するほどにねじれた格好で歩き続けるという罰を受ける。その哀れな姿を見たダンテは、思わず彼らに同情するのだが、そのような同情は、神の裁きを誹謗するものだと、ウェルギリウスにたしなめられてしまう。

そして、この重度の斜頸で苦しむ人々の中に、『変身物語』でも取り上げたテイレシアスの姿がある。

ティレージアを見よ、こは體《からだ》すべて變りて男より女となり、その姿あらたまるにいたれるものなり。

男から女へ、そしてまた男へと変身を遂げたテイレシアスは、いったい、いつ、誰を欺いたのであろうか。アポロドーロスは次のように語っている。テイレシアスはテーバイの人である。繰り返された性転換の後、ゼウスとその妻ヘラから、男女の交わりにおける快楽の性差についての判定を求められた。テイレシアスは、「十のうち男の快楽は一にすぎず、女は十の喜びをもてその心をみたす」と答える。この答えに怒ったヘラは彼の視力を奪い、満足したゼウスは彼に予言の能力を与えた。その頃テーバイでは、追放された王オイディプースの二人の息子たち——テーバイに立て籠もったエテオクレースと、アルゴス王の助けを得てこれに対抗するポリュネイケース――が王位をめぐって争っていた。二人は王座をかけて一騎打ちをなし、相打ちとなって果てた。テーバイの王位を引き継いだクレオーンは、テーバイ人であるエテオクレースの遺骸は埋葬したが、アルゴス人と共に戦ったポリュネイケースの遺骸の埋葬を禁ずる。しかし、オイディプースの娘アンティゴネーは、密かに兄ポリュネイケースの遺骸を埋葬する。これを知ったクレオーンは、アンティゴネーを墓の中に生き埋めにする。このくだりは、ソフォクレスの悲劇『アンティゴネー』で語られているとおりである。それから十年の後、アルゴス人たちは再びテーバイに攻め込み、テーバイは敗北する。この時に活躍するのがテイレシアスである。彼は、テーバイ人に対し、アルゴス人に和議の申し出をしつつ、すぐに逃げるようにと告げ、時間を稼ぐことによってテーバイ人の命を護ろうとした。そしてテイレシアスは、この使命を果たしたのちに、命を終える。

この結末を知っている私としては、なぜテイレシアスが、地獄で苦しまねばならないのか、しかも重度の痙性斜頸で苦しまねばならないのか、とんと合点がいかない。アポロドーロスが語っている事項から判断する限り、少なくともテイレシアスの言動には、地獄に送られねばならないほどの罪科を課する証拠は見当たらない。繰り返された性転換にしても、彼の意思によるものではなかったのであるから、それほど重い罪とは思えない。

テイレシアスと共に斜頸に苦しむ人として描かれたアルゴスの預言者アムピアラーオスもま

た、テーバイとアルゴスの戦いに参加した一人であった。

首《かうべ》をあげよ、あげてかの者を見よ、テーベ人《びと》の目の前にて地そのためにひらけしはこれなり、この時人々皆叫びて、アンフィアラーオよ

何處《いづこ》におちいるや何ぞ軍《いくさ》を避くるやとよべるもおちいりて止まるひまなく……

ダンテによれば、アムピアラーオスは戦から逃げ出したかのように描かれているが、アポロドーロスによれば、これもいささか事情が異なっているようである。

アムピアラーオスは、アルゴス人たちがポリュネイケースと共にテーバイを攻めることに反対していた。預言者である彼は、テーバイ戦に加わったアルゴス人たちは、アルゴス王アドラストスを除いて、全て死すべき運命にあることを予見していたからである。しかし、ポリュネイケースは彼の妻に賄賂を贈って、テーバイ戦にアムピアラーオスを参加させてしまう。アムピアラーオスは、かつてアドラストスと争ったことがあり、その和睦に際して、今後アドラストスと意見を違えたときには自分の妻の決定に従うことを誓っていた。しかし、それを知っていたポリュネイケースは、アムピアラーオスの妻に賄賂を贈って、テーバイに兵を出すというアドラストスの意見に従わせてしまったのである。

エテオクレースとポリュネイケースが相打ちで果て、その後のテーバイの城門前での激しい

戦いの最中、テーバイのペリクリュメノスがアムピアラーオスに切りかかってきた。このとき、アムピアラーオスの死を惜しむゼウスは雷を投じて大地を引き裂き、戦車ごと彼を消して不死としたという。従って、アムピアラーオスは決して敵前逃亡をしたわけではなく、ゼウスのために戦いから身を引かされたのであり、彼自身が非難される筋合いのものではない。

以上のような理由から、いかにウェルギリウスに非難されようと、私自身はダンテ以上に、第八地獄の第四房で苦しむ斜頸の人々に、気の毒な思いを抱かざるを得ない。少なくともここに取り上げたテイレシアスとアムピアラーオスについては、冤罪の可能性があり、今ならさしずめ再審請求がなされても良いのではないかと思う。

人文主義が勃興したとはいえ、当時のキリスト教世界の非寛容性がこんなところにも見え隠れしていることに、私自身はいささかの憤りさえ覚える。もし再審請求が通って無罪判決がなされたとすると、数千年にもわたる地獄での無期懲役生活はどのように代償されるのだろうか。

ところで、世間を欺く罪に対する罰が斜頸であるということには、どんな意味があるのだろう。欺く人々は世間に対し、常に顔を背けているからであろうか。しかもこの斜頸地獄の人々は、顔の向くほう、すなわち背中のほうに歩いているらしいのである。

斜頸を含め、体幹に生じる捻転ジストニアの患者では、後ろ向きに歩くと、しばしば捻転症状が軽くなることがある。『神曲』の罪人たちもそれゆえに後ろ向きに歩いているのかもしれない。しかし、詩人ダンテの筆から見る限り、功を奏しているとは思えない。

そんなふうに斜頸のことを考えていたとき、ふと、永観堂の名で知られる東山の禅林寺の阿弥陀さまの姿が浮かんできた。紅葉の名所として知られる永観堂のご本尊は阿弥陀如来だが、ここの仏さまは、左後方を振り返った姿勢をとっておられるため、「見返り阿弥陀」と呼ばれている。平安末期にこの寺の住職を務めた永観《ようかん》律師が、毎日ご本尊の阿弥陀如来の周りを念仏を唱えながら巡っていたところ、阿弥陀如来が台座を降りてこられ、永観を先導して歩き出された。これに驚いた永観が思わず立ち止まると、阿弥陀如来は振り返り、「永観、遅し」と声をかけられたという。現在のご本尊は、そのお姿を写したものらしい。住友病院の宇高不可思博士が調べたところによると、わが国には、見返り阿弥陀が何体かあるそうだが、私は永観堂の仏さましかしらない。

この永観堂の見返り阿弥陀仏の姿勢はかなり特異である。体幹と四肢は真正面を向き、首だけが極端に強く回旋しているため、姿勢としてはやや不自然で、不謹慎ながら、後ろを振り返るというよりは、斜頸を思わせる。しかし、見返り阿弥陀のお姿は、後ろにつき従う者に対する慈しみの心を表現したものだと言われている。初めて拝したとき、自然にこの阿弥陀さまの左後ろに回って歩みに付き従いたい気持ちになった。真正面を向いておられる仏さまの前では体験できない不思議な感覚だったことを思い出す。見返り阿弥陀は、あの世に旅立つ衆生を迎えに来られた阿弥陀さまが、「われに従え」と振り返っておっしゃっておられるお姿だとも言われており、私にはそのほうがぴったりとくる。

もうひとつ、振り返りの悲しい物語を思い出した。亡くなった妻エウリュディケを求めて冥界までできたオルフェウスは、冥界の女王プロセルピナと冥王ハデスに頼んで、妻を生き返らせてもらった。ただし、冥界からこの世までの長い道のりの間、オルフェウスが先を歩き、エウリュディケがあとに続き、オルフウスは決して後ろを振り返ってはいけないという条件付きだった。条件を守って長い道のりを歩き続けた二人だったが、あと少しで地表に出るところで、後ろについて来ているはずの妻を心配するあまり、オルフェウスは後ろを振り返ってしまう。途端にエウリュディケの体はずるずると後退し、再び冥界に落ちていってしまった。永遠の別れである。

後ろに従うものへの愛の表現という意味では、全く同じ行為であるのにもかかわらず、見返り阿弥陀の振り返りには永遠の平安があり、オルフェウスの振り返りには永遠の絶望がある。他者への思いやり心が引き起こす、まるで正反対の結果。こんなところにも、西方世界の精神と東方世界の精神との決定的な違いが垣間見られるのは興味深い。

21　マハーバーラタ『ナラ王物語』
――病的な賭けごと――

カリ王に取り憑かれたナラ王は、そこで黄金、貴金属や、乗物、馬、衣服をかけて、負けてしまいました。しかし、戦で常勝の王が賽子の熱に浮かされて、かけ続けるとあっては、友人たちの誰も王を止めることはできなかったのです。

（マハーバーラタ『ナラ王物語』鎧淳訳　岩波文庫）

以前から、言行不一致をモットーとするという演劇集団「ク・ナウカ」に注目していた。演ずる人と語る人が別という演劇様式の典型は文楽だろうが、歌舞伎や能も、演ずる人が台詞《せりふ》をしゃべらないという場面は珍しくない。その手法を普通の芝居に取り入れているおもしろい劇団の公演があるからと、友人に誘われて見たのが、ク・ナウカが演じるソフォクレスの『アンティゴネ』だった。が、人間文楽ともいえる舞台のおもしろさに惹かれ、その後も何度か誘われるたびに見に行った。そのうちのひとつが、今回紹介する『ナラ王物語』に基づいた

「マハーバーラタ――太陽の王子ナラの冒険」である。

上野の東京国立博物館、インド美術の彫刻が展示されている東洋館の地下での公演は、たいへん幻想的で、地の語りと台詞、そして演技、三つの分業からなる芝居は、立体の影絵芝居のようにも思われた。見ているうちに、賭けごとに夢中になって、自らの王国を失ってしまうナラ王に対し、私なりの診断をつけたくなってきた。何か興味深い異常な行動をみると、その原因疾患を考えないではいられないという、神経内科の医者の悪い癖である。

謹厳実直、非の打ちどころのないナラ王が突然、賭けごとをするようになる。それが、ナラ王にダマヤンティー姫を取られたのを根に持って、復讐を図る魔王カリの仕業であることは物語の中で明らかにされている。私が、まず考えたのは、カリ王に取り憑かれたということは、ひょっとすると、何か薬物、それも何らかの生薬を与えられたのではなかろうか、という可能性である。さらに、何らかの感染症に罹患したのではあるまいか、とも考えた。

際限ないギャンブルで身代を持ち崩した話は、かつては決して珍しいことではなかった。梅毒スピロヘータの感染後、数十年すると、麻痺性痴呆と呼ばれる病態が顔を出してくることがある。いわゆる脳梅毒である。脳梅毒に見られる誇大妄想や浪費癖は、しばしばギャンブルの原因となり得る。脳梅毒は、かつては原因不明とされた慢性の脳炎だった。その脳の中に梅毒スピロヘータを初めて発見して、この病気の原因が梅毒そのものであることを証明したのは野口英世である。脳梅毒は前頭葉皮質が特に破壊されやすく、これが誇大妄想や浪費の原因病巣であると考えられている。

戦前に比べれば頻度は減ったものの、現在でも、脳梅毒の患者を診ることがあり、なかには、信じられないような浪費をするが人いる。競馬であっというまに数百万円を失ってしまった人、入院治療中に電話で株取引をおこない、一日で二百万円の損失を出した人——しかし、そういった場合でも本人はまったく平気、うろたえたのは家族だけであった。

病的な賭けを引き起こす病態として最近注目を浴びているのは、ドパミン作動薬で治療されているパーキンソン病である。パーキンソン病の患者は、一般に、謹厳実直、生真面目で嘘がつけない性格である場合が多い。脳梅毒患者のような誇大妄想的性格とは全く正反対なのだか、それにもかかわらず、病的な賭けをしてしまう場合がある。

賭けに際しての意思決定過程の研究として、ギャンブル課題というテストが開発されている。被験者に対して、実際にトランプ賭博のようなゲームをさせるテストである。カードが積み重ねられている四つの山から、被験者は一枚ずつカードを引いていく。カードには得られる賞金額が書かれているが、それぞれの山にはときどき出てくる罰金カードが含まれていて、これを引き当てるとそれまで得ていた賞金の中から罰金を支払わなくてはならない。四つの山のうち二つの山では、一枚ごとのカードの賞金額は多いが、ときどき出てくる罰金カードの額が大きいため、続けて引いていると結局は損になる計算になっている。これに対し、他の二つの山は、賞金カードの賞金額はほかの二つの山の半分しかないが、罰金カードの罰金額も少ないため、続けて引いていると、結局は得になる。被験者は、結果としてできるだけ多くの賞金を獲得することを求められている。健常人の場合は、報酬は大きいがリスクの大きな山を選択すると結局は損失が大きくなることに気がつくと、報酬は少ないがリスクの少ない山を選択するようになる。しかし、前頭葉損傷患者やドパミン作動薬服用中のパーキンソン病患者では、リスクの大きさを考慮せずに報酬の大きい山のカードのみをひき続け、結局は大きな損失を出してしまう。

このように、神経心理学的テストによって、前頭葉損傷患者もパーキンソン病患者も、病的な賭けをおこなう傾向があることが証明された。しかし両者は、異なるメカニズムによって病的な賭けをすると考えられている。前頭葉損傷患者は、行動選択そのものに障害があり、損得に基づく行動選択が全くできなくなっているようだ。つまり、結果を考えることなく目先の利益につられた行動選択をしてしまい、そのために損失を重ねるというわけである。これに対し、パーキンソン病では、行動選択の拠りどころになるはずの、報酬系の障害のために、病的な賭けが生じるのではないかと考えられている。

ヒトが何らかの行動選択をした場合、その結果生じた損得は、行動選択自体が結果的に良かったのか悪かったのかという評価として脳内に記録される。行動選択が良かった場合には、その選択には正の報酬が与えられたことになり、同じような状況が将来生じた場合には、同一の行動が自動的に選択されやすくなる。これに対し、損失をきたしたような行動は、次回以後の似たような状況下では選択されない。つまり、損失をきたした行動選択には、罰という負の報酬がつけられてしまい、その罰の重みが、次回以後の行動選択に活かされていく仕組みである。

パーキンソン病では、負の報酬、すなわち罰の形成が、この病気のために障害されているのではないかと考えられている。罰の形成障害が、この病気における病的な賭けの原因になっている可能性がある。

パーキンソン病患者はよく転ぶ。多くは、自宅の中であり、それも同じ場所で同じ動作をして、同じように転んで、同じ箇所をぶつけて怪我をする。そのようなことを繰り返していたある患者の妻が、あるときこんなふうに話していた。

「本当に、同じ場所で、同じ動作をして、同じように転んで、同じ場所を同じところにぶつけて、同じ場所にこぶをつくるんですよ。何度転んでも、全然懲りないんです。これって、『懲りない症候群』なんじゃないでしょうか」

一方で、夫である患者自身に転倒の状況を尋ねてみた。すると、繰り返してはいけないことをして転んでいるということ、つまり、同じ場所で、同じ動作をして、同じように転倒し、同じところに同じ場所をぶつけて、同じような怪我をしていることを、理屈の上ではよく理解していることがわかった。「懲りずに転んでいる」という妻の言葉は、患者の行動を身近に見ている人のみが言うことのできる、まさに鋭い指摘であった。

私は、彼女が指摘した「懲りない症候群」という視点で、パーキンソン病の患者を観察することにした。すると、実に多くのパーキンソン病患者、それもドパミン作動薬を服用中の患者では、「懲りない症候群」に起因すると思われるような転倒が起こっていることとわかってきた。すなわちこれも、報酬系の働きが十分でないために生じている現象だろうと考えられる。パーキンソン病に時折見られる病的な賭けというものは、この「懲りない症候群」と重なる症状なのではないだろうか。目先の利益に惑わされて無謀なギャンブルをすれば、すぐに損をする。そんなことがあれば、これに懲りて、次からはそのようなギャンブルは避けるというのがわれわれの行動選択の基本である。しかし、「懲りない症候群」を生じてしまったパーキンソン病の患者は、懲りもせず見かけ上は利益が大きいが、結局は損になるほうの山のカードをひき続け、やがては大損失に見舞われてしまうのではないだろうか。

それではナラ王に生じた病的賭けの原因は何だったのだろうか？　気高く克己の人と謳われたナラ王に脳梅毒はふさわしくないし、威《たけ》き武士《もののふ》が急にパーキンソン病になるという可能性も低そうだ。そこで浮かび上がってくるのは、ドパミン作動薬である。ドパミン作動薬は、本来はパーキンソン病の治療薬だが、パーキンソン病の有無に関わらず、この薬物を摂取すると病的賭けを生じることがあるということが問題となっている。脳内にはドパミンの受け皿となるドパミン受容体が四種類あり、それぞれD1、D2、D3、D4受容体と名づけられている。パーキンソン病は、線条体という脳内の構造に存在するドパミンの作用が減少する病気であるが、特にドパミン受容体のうちのD2受容体が刺激されなくなって症状が出ると考えられている。このドパミン受容体への刺激を増大させる薬が、ドパミン作動薬と呼ばれている一群の薬剤である。パーキンソン病の治療ではD2受容体だけを刺激すればよいわけなのだが、ドパミン作動薬を飲めば、ほかのドパミン受容体、特に大脳辺縁系や側坐核に存在するD3受容体をも刺激されてしまう。ドパミン作動薬による病的賭けは、どうやらこれらの部位のD3受容体に対する過剰な刺激によって生じるらしい。

ドパミン作動薬として古くから用いられてきたのは、燕麦につくカビがつくり出す麦角アルカロイドの成分である。すなわち、生薬の中には、病的賭けを引き起こすような成分が含まれている可能性がある。

復讐に燃えるカリ魔王がナラ王に仕掛けた罠は、ドパミン作動薬を含む生薬だったのではなかろうか。国立博物館東洋館の地下で演じられたク・ナウカの芝居を見ながら、私はそんな妄想を抱いていた。

22　ホメロス『イリアス』
――恐怖――

その姿神にもまごうアレクサンドロスは、前線に姿を現したメネラオスを見るなり肝を冷やし、死の運命を逃れんと、友軍の群の中へ逃げ込んだ――山峡《やまかい》の茂みの中に蛇を見た男が後ずさり、手足は震え両の頬は蒼白となって今来た道を引き返す、その男にも似て容姿神にもまごうアレクサンドロスは、アトレウスの子を怖れて、勇武のトロイエ勢の群が る間へ身を隠した。

（ホメロス『イリアス（上）』松平千秋訳　岩波文庫）

恐怖という感情は、自分の生命を守るために必要不可欠のものである。恐怖を感じたときには、ここに紹介したトロイエの王子アレクサンドロス（一般的にはパリスの名で知られる）のごとく、逃走という行動によって何とか命だけは助かろうと試みるのだ。

アレクサンドロスがスパルタ王メネラオスの妻ヘレネをさらったことが原因で、ギリシア軍とトロイエ軍は一触即発となる。両軍による全面戦争を避けるため、メネラオスはアレクサンドロスに対して一騎討ちを挑む。アレクサンドロスは弓矢の技術には長けてはいたが、この時代の正式な武器である槍と剣による闘は、メネラオスに太刀打ちできるほどの力を持ち合わせてはいなかった。しぶしぶ闘いの場に出て行ったアレクサンドロスだったが、相手の姿を見たとたん、ブルブル震え、蒼白になって逃げようとする。武人としては、いかにもぶざま、とんでもない弱虫である。アレクサンドロスの兄ヘクトルはトロイエ軍の総司令官。ヘクトルは弟の情けない姿を見て怒り、引きずり出して一騎打ちの場へと押し出す。一騎打ちの結果は散々で、メネラオスに追い詰められたアレクサンドロスは、兄ヘクトルにすがりついて命乞いをする。このとき、メネラオスがアレクサンドロスを討ち果たしていれば、その後十年も続くことになるギリシア軍とトロイエ軍との総力戦は、避けられていたのかもしれない。しかし神々はもともと大戦争を起こすつもりであったのだから、アレクサンドロスが一騎打ちの場から卑怯にも逃げ出してしまうことは、必然の出来事だったのだろう。

それにしてもホメロスの表現は厳しい。「その姿神にもまごう」と、アレクサンドロスのハンサムぶりをたたえているからこそ、恐怖に震えて逃げ出す姿が実に情けない。人は外見ではなく、内に何を秘めているかによるということを、この短い詩句は実に見事に描き出している。ホメロスは、アレクサンドロスを嫌っていたのに違いない。

恐怖をテーマにした表現作品は実に多く。なかでも映画では数多く製作されてきた。アルフレッド・ヒッチコック監督の『鳥』、私が大好きなオードリー・ヘップバーン主演の『暗くなるまで待って』、アンソニー・ホプキンスとジョディー・フォスターが主演した『羊たちの沈黙』など、見ているのは怖いけれど、見ないではいられない魅力的な映画は少なくない。安全が確保されているところでちょっと味わう恐怖感が、われわれを魅了するのだ。

しかし、世の中には、こんな恐怖感を全く抱くことがない、文字通り「恐れ知らず」の人たちがいる。「恐れ知らず」という言葉は、大胆で勇気があり度胸がすわった状態を意味し、一般的には褒め言葉であろうが、実は生命維持においてこれほど危険な状態はない。

恐怖を感じとるのに最も重要な部位は、脳内の側頭葉の内側前端にある扁桃体である。この両側の扁桃体が破壊されると、動物でもヒトでも、恐怖を感じるということがなくなってしまう。これを明らかにしたのは、アメリカの脳科学者ハインリヒ・クリューヴァとポール・ビュシィが、一九三七年から三年間にわたっておこなった実験である。

両側の扁桃体を含む側頭葉の前端部を切断したサルに、ゴム製のヘビや毒蜘蛛のおもちゃを見せる。一般に、霊長類はヘビに対して本能的に恐怖を感じ、普通のサルならこれらのおもちゃを見ただけで、大騒ぎになるはずである。ところが、実験のサルたちは、全く怖がらないどころか、むしろ好奇心に引かれてか、それらを手に取って、口に近づけたりする異常な行動をとった。このような「恐れ知らず」の原因は、両側の扁桃体が破壊されたためであることが明らかになったのである。

また、一九九四年、科学雑誌『ネイチャー』に発表されたラルフ・アドルフスらの論文は、世界中の研究者たちに大きな衝撃を与えた。ウルバッハ・ビーテ症候群というきわめて稀な病気に罹患した女性患者についての報告である。彼女は、ウルバッハ・ビーテ症候群によって、両側の扁桃体が完全に変性していた。知能は全く正常で、記憶能力も正常であったが、生きたヘビや毒蜘蛛を見せても、怖がるどころか、興味を持ってそれらに手で触れようとして周囲の者を慌てさせた。また、全米中で有名なお化け屋敷に連れて行くと、一緒に行った人たちが恐怖の叫び声をあげる中、一人平然とし、さらにはお化けの頭に触れようとするので、お化けのほうが怖がったという。先に挙げたようなホラー映画のカットを見せても、全く怖がることがなかった。しかし、それにもかかわらず、喜び、悲しみ、怒り、悲哀といった恐怖以外の感情については、その受容も表出も全く正常であった。

さらに患者の過去を調べてみると、驚くべきことが判明した。ウルバッハ・ビーテ症候群は、十歳頃から扁桃体の変性が始まるとされている。彼女はちょうど十歳頃に、ドーベルマン犬に襲われそうになって強い恐怖を感じたことを記憶していた。つまり、少なくともこの時点までは恐怖を感じることができ、しかもその記憶が残っていて、恐怖が何たるかを理解していたということになる。ところが、三十歳頃のある晩、勤め先から真っ暗な公園を通って帰宅する途中で男に襲われ、喉元にナイフを突きつけられるという目にあった。しかし、全く恐怖を感じることなく冷静にしていたところ、男は立ち去ってしまった。彼女は、逃げ出すことなくその

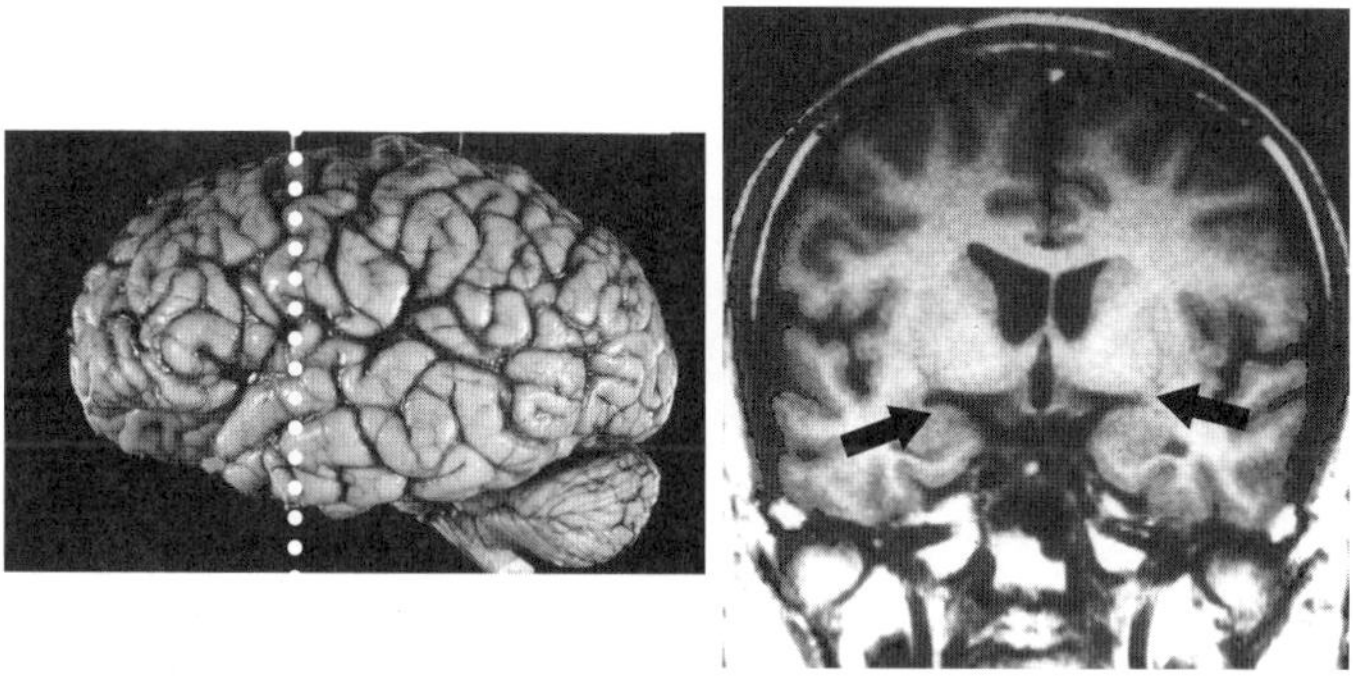

左の写真の白い点線の位置の MRI 前額断が右の写真。矢印で示したのが扁桃体。

ままゆっくり歩いて帰宅し、その後も襲われた道を避けることなく、毎晩同じ道を通って帰宅したという。検査場面だけでなく、日常生活においても、両側扁桃体を失った彼女は、恐怖を感じることも、恐怖反応を生じることもなかったのである。二十年間にわたって彼女を観察してきたアイオワ大学の研究グループは、恐怖を感じないがためにしばしば危険な目にあってきたにもかかわらず、彼女が生き延びてきていることに驚愕していた。

この女性はごく稀な病気に罹患した患者だったが、もっとありふれた病気によって恐怖を感じなくなったり、恐怖反応を生じなくなったりすることがある。

二〇一一年三月にわが国を襲った東日本大震災は、地震そのものの大きさもさることながら、その直後に押し寄せた大津波、そしてそれらによって起こった原発事故という大災害連鎖を引き起こし、日本中が大混乱に陥った。私は、週一回勤務している高齢デメンチア患者のグループホームで、自然災害に対する恐怖という意味について、深く考えさせられる経験をした。大地震の四日後、私は介護士たちに、地震のときの入所者たちの様子について尋ねた。震度五弱の激しい揺れで、グループホームの池の水があふれ出したと聞いていたので、入所者たちがさぞやあわてふためき、パニック状態になったのではないかと思ったのである。ところが、返事は全く予想外だった。介護士たちによれば、あわてふためいたのは介護士たちのほうで、デメンチアのある入所者たちは、怖がることもなく、実に平静だったというのである。

そこで私は、自分が診療しているデメンチアの患者さんたちについて、三月十一日の大地震のときの行動についての調査をしてみた。その結果、知的に健常な高齢者や、日常生活がほぼ自立している軽度のデメンチア患者は、地震に際して恐怖を示し、多くの人は、部屋の外に飛び出すとか、テーブルや机の下に潜り込むといった避難行動をとっていた。これに対し、日常生活において何らかの介護を必要とする中等度のデメンチア患者は、半分以上が平然としており、常時全面的な介護を必要とする重度のデメンチア患者では、そのほとんどが何らの恐怖反応も示さず、全く平静であったという。それに加え、地震の際に恐怖反応を示すことなく平静であった患者のほとんどでは、地震の記憶が全く残っていなかった。この調査の対象となった患者の大半はアルツハイマー型デメンチアの患者で、アルツハイマー病では扁桃体にも変性が生じることが知られている。大地震に対して恐怖反応を示さなかったデメンチア患者では、扁桃体の機能が失われているために恐怖を感じなくなっている可能性がある。言い換えるなら、このような患者は、どんなに恐ろしいことが起こったとしても、恐怖を感じて逃げ出すということがないかもしれない。地震に限らず、火災や洪水、津波、土砂崩れ、火山噴火といった災害に遭遇しても、平然としていて、逃げようとはしない可能性があるのだ。

もともと、身体の弱い高齢者は災害弱者と言われ、災害時における避難誘導をどうするかという問題は多く論じられてきた。しかし、足腰が立たずに逃げ遅れるというのではなく、恐怖が生じないために、逃げるという行動がとれず、生命を失うということが少なくないのではないかと心配される。その意味では、高齢デメンチア患者は災害最弱者である。災害時のデメンチア患者の救命活動のあり方を再考する必要があろう。

23 ラシーヌ『フェードル』

――怒り――

裏切り者めが！　恐れ気もなくわしの前に姿を見せた。
おぞましい怪物め、これまでよくも天なる雷《いかずち》が見逃がしてきたな、
わしが地上から抹殺した盗賊どもの穢らわしい生き残りか！

（ラシーヌ『フェードル　アンドロマック』所収　渡辺守章訳　岩波文庫）

十七世紀フランスの劇作家ラシーヌの代表作『フェードル』の一節である。アテネの王テゼーの妻フェードルは、夫と前妻アンチオープの子である義理の息子イポリットに道ならぬ恋心を抱き、イポリットにそれを打ち明けてしまう。継母の激しい恋心に驚愕したイポリットは、彼女の想いを断固拒否する。つれない仕打ちに怒ったフェードルは、長い旅から戻ったテゼーに、夫の留守中、義理の息子から言い寄られたと嘘をつく。この虚言に対するテゼーの怒りを、ラシーヌはこのように描いたのだった。

テゼー、一般にはテーセウスとして知られるこのアテネ王は、まだ王子だった頃、クレタ島の迷宮に閉じ込められた獣人ミノタウロスの生贄に捧げられるアテネの若者たちを救わんとして、自ら迷宮に乗り込んでミノタウロスを倒したことで知られる英雄である。冒険心に富むが、いささか軽薄な人物でもあり、アマゾンの女王やスパルタの王女ヘレネをさらったり、冥界の王ハデスの妃ペルセポネーを誘拐しようとしたり、あるいはクレタの迷宮からの脱出を助けたクレタの王女アリアドネーをさらったものの、途中で飽きてナクソス島で彼女を捨てたり、かなりの遊び人である。そのような性格ゆえか、テゼーはフェードルの嘘を見抜くことができず、実の息子イポリットを死に追いやってしまう。そして虚言を弄したフェードルもまた、自殺に追い込まれる。この悲劇の核をなすのは、フェードルとテゼーの怒り、それによって引き起こされた彼らの見境のない行動である。

怒りは、恐怖と並んで最も激しい感情のひとつであるが、そのしくみは恐怖ほど単純ではない。恐怖に対しては、ほとんどの場合は逃走という行動が選択される。極度の恐怖に対しては、すくみや失神といった究極の逃避反応をする。また逃走が不可能な場合には、「窮鼠ネコを噛む」のごとく、やむを得ず無益な攻撃行動をとる。

しかし、怒りによって生じる行動は実にさまざまである。怒りの対象に対して攻撃する、あるいは反対に対象から逃走する、場合によっては対象を無視することもある。また、怒りを秘めて相手に従順な行動をとりながら、復讐の機会を狙うという行動に出ることもある。つまり、恐怖という感情の結果の行動は、ほとんど逃避であるのに対し、怒りという感情の結果生じる行動には、複数の選択の余地があることになる。これは表情においても同様で、恐怖の表情はほとんど自動的に現れてしまうのに対し、怒りの表情は意図的に隠すことができる。

怒りに関して、私は学生時代から興味を抱いていた。それは二つの実験的な研究に関しての知識を得たことがきっかけだった。

ひとつは、神経生理学の勉強をしていたときに出会った、怒りと攻撃性に関する実験研究である。医学部の学生時代に教えを受けた時実利彦先生の『脳の話』を読んで脳に興味をもち、時実先生の師匠にあたる神経生理学者ホレス・ウィンチェエル・マグーンの *The Waking Brain* を読んだ。この本の中できわめて強い印象を得たのが、神経生理学者ウォルター・ラドルフ・ヘスの実験報告である。

ネコの視床下部外側部に電極を挿入して電気で刺激すると、刺激されたネコは、歯をむき出して、あたかも怒っているかのような攻撃的行動を示すという。怒りの姿勢と表情を表しているネコの写真は、学生時代の私に強烈な印象を与えた。視床下部というごく小さな脳領域の中には、攻撃性行動を生じさせる外側部と、攻撃性を抑制する内側部という二つの領域が隣り合って存在しているという報告だった。視床下部がどれほど小さな領域であるかを知っていた私にとって、これは驚きであった。怒り、そしてこれに続く攻撃行動という、まかり間違えば生き死に関係するような重要な行動が、こんな小さな領域で決定されているということに驚くと同時に、何かうすら寒い気持ちを覚えたのである。

もうひとつは、学生時代に脳神経外科の臨床講義で聴いた、外側視床下部破壊術の話である。かれこれ半世紀近く前のことになるが、当時の脳神経外科学は、治療医学の最先端であるだけでなく、ヒトにおける脳科学研究の最前線として、私たち若者の心を深くとらえていた。しかも、私が学んでいた東京大学で脳神経外科学講座の初代教授になられた佐野圭司先生は、学生の心をとらえるような実にアトラクティヴな臨床講義をされ、私たちの憧れの的であった。先生は、毎回、ご自分が手術をした患者、あるいはこれから手術をする患者を教室に連れてこられ、その病態についてわかりやすく説明されると同時に、手術の科学的根拠を明快にそしてきわめて理論的に示された。私自身はひどい近視であったため、医者であった父からは、「外科医にだけはなるな。お前のように視力の悪いものが外科医になったら、累々たる死骸の山を築くことになってしまう」と諌められていた。脳外科医になる道は最初から閉ざされていると思っていたのだが、脳科学としての脳神経外科学に対する興味は尽きることはなかった。そんな中で最も印象に残った講義のひとつが、外側視床下部破壊術の講義だった。

その講義で、佐野先生と一緒に教室に入ってこられたのは、ブールヌヴィーユ＝プリングル病、つまり結節硬化症の若い男性患者だった。先天的な遺伝子異常で生じる病気で、顔面にニキビのような小さい皮膚腫瘍が多発すると同時に、大脳の中にもさまざまな腫瘍ができて、てんかん発作や知能障害を生じる。この男性は、ちょっとしたことに対して衝動的に怒り出し、暴力的な攻撃行動に出てしまうため、社会生活が営めなくなっているという。佐野先生は、まず異常に攻撃的な行動の制御について論じられた。そしてヘスのネコにおける実験を引用しながら、この患者に対して、攻撃性を消失させるために、視床下部外側部に電極を挿入し、この部分を電気凝固する手術を予定していることを実に明快に説明された。数週間後、この手術を受けられたあとの、おとなしくなった患者の状態を見せていただいた記憶がある。

しかし、怒りによる攻撃性をきわめて効果的に抑えることができる外側視床下部破壊術は、その後、世界中で大きな非難を浴びることになった。発端は、二十世紀半ば、ポルトガルの医師アントニオ・エガス・モニスによる前頭葉ロボトミーだった。エガス・モニスは、サルの前頭葉を切断するとおとなしくなるという実験をヒトに応用し、極度の錯乱で暴れる統合失調症の患者に前頭葉の切断手術をおこない、見事な効果を収めたのである。この功績により、彼は一九四九年にヘスと共にノーベル医学生理学賞を授与されている。ところが、このような手術を受けた患者は、おとなしくなるというよりは、意欲を全く失い、無為に日々を過ごすのみになってしまうことが報告された。報告が増えるにつれ、前頭葉切断は、人為的に性格を変えてしまうという倫理的に許されざる手術として告発されるようになってしまった。そのような流れの中で、佐野先生が開発された外側視床下部破壊術も、人為的に性格を変えてしまう非人道的な手術として非難の的となり、その後は全くおこなわれなくなってしまったのである。

このような怒りと攻撃性については、今日再び大きな問題となっている。アルツハイマー病を中心とする高度の認知障害を有する患者は、しばしば介護者に対して怒りを示し、暴力的な攻撃性を示す。このような症状の患者に対し、多くの医療施設では強力な抗精神病薬を使用して、薬物的な行動抑制をおこなう。しかし現場で、個々のケースについて患者の病態をよく観察し、介護担当者の話を念入りに検討してみると、彼らの怒りや攻撃的行動には、患者側からみればきわめて正当な理由のあることが少なくない。

たとえば、老人ホームでは、夕方、勝手に外出しようとする患者を介護者が押し止めようとすると、患者はそれを振り切ろうとし、押し合いへし合いの挙句、患者が介護者に殴りかかるというようなことが、日常的に繰り返されている。これを患者の暴力行為として訴えてくる介護者は少なくない。その際、患者がなぜ外出しようとしたのか、その理由を介護者に問うても、「知らない」と答える。介護者は、患者が理由もなく外出しようとしていると思い込んでいるのだ。しかし、多くの場合、患者には外出したい理由がある。自分は最近になって老人ホームに入所したのだという記憶が形成されておらず、夕方になってハッと「ここは住み慣れた自分の家ではない」と気づく。「もう夕方だし早く帰宅しなければ」と思って外に出ようとすると、これを妨害する者がいる。自分の帰宅を暴力的に邪魔する者に対しては、抵抗するしかない。つまり、患者側からみれば、暴力行為に及んでいるのは介護者であり、自分はいたしかたなくそれに抵抗しているだけなのである。このような場合に、薬物で行動を抑制するのは好ましい方法ではないだろう。帰宅したいという患者の気持ちが理解できれば、介護者は患者の帰宅行動に協力すべきなのである。

もう三十年近くも前のことだが、羽田澄子監督の『痴呆性老人の世界』では、まさにこのことが示されている。帰宅行動をとる老女に付き添って、介護士が一緒に出かける場面がある。しばらく歩いていると、老女は外出の目的を忘れてしまう。そのときを見澄まして、介護士は「じゃあ帰りましょうか」と言って、もと来た道を一緒に引き返していく。テロップには「説得よりも納得」というフレーズが示される。自分が望む行動を妨害された患者の示す怒りや攻撃性のよって来たる所以を、介護者はよく考える必要がある。患者の行動に対する共感的理解、これこそがこれらの患者の怒りや攻撃性に対処するにあたって、介護者がまずおこなうべき行動なのである。

24　フセーヴォロド・ガルシン『信號』
──利他的行為──

その小刀を彼は矢庭に、自分の左の二の腕へつつ刺した。血はさつと噴きでて、熱い流れをなして迸つた。彼はその血潮にハンカチを浸して、皺をのばして擴げると、枝の先に結へつけて、わが血に染めた赤旗をかかげた。

（フセーヴォロド・ガルシン『紅い花他四篇』所収　神西清訳　岩波文庫）

『信號』は、中学校だったか高等学校だったかの教科書で読んだ。線路番のセミョーンは、柳の枝で笛を作る内職をしていた。ある日、柳の枝を切って自分の小屋に持ち帰ろうとしていると、隣の区域の線路番のヴァシーリイが鐵梃子《かなてこ》で線路の犬釘をはずしている現場をみてしまう。ヴァシーリイが、過日、検閲に来た鉄道省の役人に殴られたことを根に持ち、その腹いせに列車の転覆を図ったことを悟ったセミョーンは、レールを直せと叫びながら彼を追うが、追いつけない。セミョーンは列車を停車させるための赤旗をとりに、彼の小屋まで戻ろうとするが、小屋まで戻っていたのでは列車を止めるのには間に合わないことに気づく。彼は急いで現場に引き返し、冒頭に引用したような行動に出て、近づく列車に向かって血染めのハンカチを懸命に振り続ける。しかし腕を深く切りすぎたためか出血が止まらず、意識がだんだんと薄れ、旗をとり落としそうになる。あわやというところでセミョーンの手から旗を取り上げ、高く掲げて列車を停止させたのは、レールをはずした張本人のヴァシーリィだった。

どやどやと客車から飛び出してきた乗客たちが見たのは、血まみれで倒れている男と、その傍らで血だらけのぼろ布のついた棒を握った男だった。その男が首をおとして、「あつしを縛つてお呉んなさい」と言つた。「あつしがレールを外したんだ」。

短いが心に残るこの小説を読んだ私は、作者ガルシンのことがもっと知りたくなり、すぐに岩波文庫で短編集を買って読んだ。作者フセーヴォロド・ガルシンは十九世紀ロシアの小説家である。従軍経験から生まれた『四日間』も強烈な小説であったが、精神病者であったガルシン自身の入院体験に基づく『紅い花』には、『信號』と同じ自己犠牲の精神が描かれていて、きわめて印象的な作品である。

統合失調症と思われる患者が精神病院に収容される。強い興奮状態にある彼は、一睡もせずに動き回り、どんどん衰弱していく。世界の悪を根絶する事業を成し遂げるべくここにやってきたと信じこんでいる彼には、その使命を達するまでは眠る時間などはないのだ。そして彼は、病院の花壇に植えられている二輪の芥子の紅い花こそが悪の根源であると信じ、花を摘み取る。しかし花壇には、第三の芥子の花が開く。最後の力を振り絞ってこの紅い花を根こそぎ引き抜いた男は、力尽きて死ぬ。名前も与えられていないこの患者は、おそらくガルシン自身の分身であろう。狂気に至るほどの正義感と使命感に燃えた作家の心の中には、常に世界全体を救うべき対象とした自己犠牲の精神が燃えたぎっていたことを、窺い知ることができる。

自己犠牲は、生物学的にはきわめて矛盾に富む行動様式で、動物界においてヒトのみが有する。あらゆる動物にとって、生命には二つの意味がある。ひとつは自己の生命、もうひとつは自分が属する集団の生命である。

自己の生命を守るために必要なのは、食料の確保、そして敵の攻撃や災害からの逃避である。前章までに取り上げた「恐れ」や「怒り」は、これらのうちの後者を保証する行為の発現に必要なものであった。「まず自らが生きよ。それなくして生命は存在しない」というのが、動物界における共通原理なのである。

これに対し、集団の生命を守るために必要なのは、繁殖、つまり妊娠・出産や哺育に関わる行為である。「産めよ、増やせよ」という戦略は、ヒトを含めたあらゆる動物に共通して存在する普遍的な行動パターンなのだ。

ところが、ヒトには他の動物から見れば考えられないような行動パターンが存在する。それが自己犠牲である。自己犠牲は、自分の属する集団の多数の命を救うため、自らの生命を投げ出すものであり、「まず自らが生きよ」という動物界の生命に対する共通原理を投げ捨てるものである。ヒト以外の全ての動物は、「まず自らが生きよ」の原則を捨て去ることはしない。自己犠牲という行為は、存在し得ないのである。

自己犠牲——それは究極の利他的行為である。集団に属するすべての個体の生命を重視するヒトは、集団内の他のメンバーのためとあれば、自分にとって直接的な利益にならないことがわかっている行為であっても、躊躇せずにそれを実行する。このような行為は利他主義に基づくもので、「利他的行為」と呼ばれている。ヒトにおいてはごくあたりまえのこのような行為は、実はヒトに特有の行動形態で、他の動物ではほとんど見られない。

私はNHKテレビの番組「ダーウィンが来た！」を、毎週欠かさず見ているが、あるとき、ライオンの群れを取り上げた回があった。お腹を空かせた大人ライオンたちが、水牛の群れを襲う。慌てふためいた水牛の群れは、てんでばらばらに逃げ出す。そのうちの何頭かが、子どものライオンたちに突入し、一匹の子どもを踏みつけてしまう。踏みつけられた子どもライオンは両下肢が動かなくなった。おそらく脊椎骨折によって外傷性脊髄損傷をきたしたのであろう。その後、ライオンの群れは移動を開始する。対麻痺に陥った子どもライオンも、群れの仲間に遅れまいと必死に追いすがる。ちょっとした段差も大変な試練である。後脚を引きずったライオンの子どもは、それでも何とか段差を越えて群れを追う。しかし次の日、移動していく群れの中に、もう対麻痺の子どもライオンの姿はなかった。足手まといになる個体は、群れ全体の生存を妨げてはならないのだ。群れは対麻痺の子どもを置いて進むしかない。ヒト以外の動物の世界において、利他的行為などというものは、全く存在しない。

進化史上、利他的行為の始まりは、ネアンデルタール人からだと言われている。イラクのシャニダール遺跡で発掘された四十歳位のネアンデルタール人男性は、右上腕骨がきわめて細く、おそらく長期にわたって右腕が麻痺していたと思われる。それに加えて、頭蓋骨の左側には、古い外傷の跡があり、左眼の視力は喪失していたと推定される。このような個体は、仲間の援助がなければ、長期間にわたって生き延びることはできない。彼の属するグループの他の構成員たちは、自ら食物を得る能力を失っていた男に対し、介護の手を差し伸べてくれていたはずである。ネアンデルタール人には、原始的な話し言葉の能力があったと考えられており、自分の意志や気持ちを他者に伝え合うことによって、他者の考えや気持ちを、はっきりと知ることができるようになっていたのであろう。この能力が、利他的行為の源泉なのではあるまいか。

自己犠牲は、このような利他的行為の中でも、最も極端な行動パターンである。生物学の掟である「まず自らが生きよ」を無視することは、自分を含めた所属集団そのものの生命を否定することにつながるものであり、動物としての個体がとるべき行動ではないからである。捕食獣に自分の仔が狙われたとき、親はしばしば自分が囮になるような行動をとる。しかしこれが自己犠牲につながることはない。親は、敵の注意をそらすために囮行動をとるだけであり、自らが捕食者の餌食になって子を救うというようなことはない。自己犠牲の行動は、全く見られないのである。

これに対し、ヒトの世界においては、わが子をかばって自らの命を捨てるという物語だけでなく、自分の所属する集団のメンバーの命を救わんとして、自らの命を絶つような物語は、古今東西珍しくはない。いずれの場合にも、そのような自己犠牲は、そのグループ全体の英雄的行為の記憶として、後世に語り継がれていく。しかし、生物学の原理にまで背いて実現しようとするこの行動の根源には、一体何があるのだろうか。

自己犠牲において、自分の命を捨ててまで守ろうとする対象者は何であろうか。親が子どもを守るというように、愛する人を命がけで守るというような場合は、情動的な行動として理解することはさほど難しくはないであろう。しかし、『信號』のセミョーンが守ろうとしたのは、一体何だったのであろうか。危機に向かっていく列車に乗っている乗客は、セミョーンにとっては赤の他人であり、親兄弟のような情愛に満ちた人間関係を持つ対象ではない。それにもかかわらず救おうとしたのは、信号手という使命において守らねばならない人々の生命、すなわちセミョーンの職業的な手に委ねられた生命であった。数多くの見知らぬ人々の生命を守ることを目的とする職業は少なくない。そのような職業に就く人の不注意、手ぬかり、油断は、大きな事故災害を引き起こす。ＪＲ福知山線の脱線事故や、笹子トンネルの天井板崩落事故など、この種の事故は、私たちの記憶に新しい。これらの事故とは反対の極にあるのが、事故を防ぐためになされた職業的自己犠牲の物語である。

二〇一一年三月十一日の東日本大震災で生じた津波は、二万人余りの人の生命を一瞬にして奪い去ってしまった。その中には、迫りくる津波から人々を守ろうとして最後まで自分の持ち場を離れず、そのために自らは犠牲になってしまったたくさんの方々がおられた。消防団員、市町村役場の職員、医療従事者、介護者など、守らねばならない命を守ろうとして、自らの命を捧げた方々がどれほどおられたことか。彼らの尊いおこないは、永遠に記憶されなければならない。この世界でヒトのみができる崇高な行為をおこなった人々こそが、真の英雄と呼ばれるべきなのではないだろうか。

25 ジャン・ジロドゥ『オンディーヌ』
――オンディーヌの呪い――

きみがいなくなったら、それまではからだがひとりでしてきたことを、いちいち命令しないといけない。〔…〕五感と筋肉ぜんぶ、骨の髄まで命令、命令。ちょっと気を抜くと耳も聞こえない、息をするのも忘れる。呼吸することがめんどうで死ぬ。

（ジャン・ジロドゥ『オンディーヌ』二木麻里訳　光文社古典新訳文庫）

小児神経学領域でよく知られた病態に、「オンディーヌの呪い（Ondine's curse）」がある。延髄呼吸中枢の機能低下によって、睡眠中に呼吸停止が起こって死に至る恐ろしい遺伝性の病気である。

呼吸とは不思議な運動で、ある程度の範囲内であれば意識的にコントロールできる随意運動だが、普段は意識状態と関係なく自動的に営まれているので、意識がない睡眠状態にあっても呼吸が止まることはない。また、意識的に呼吸を止めようとしても、ある程度の長さしかでき

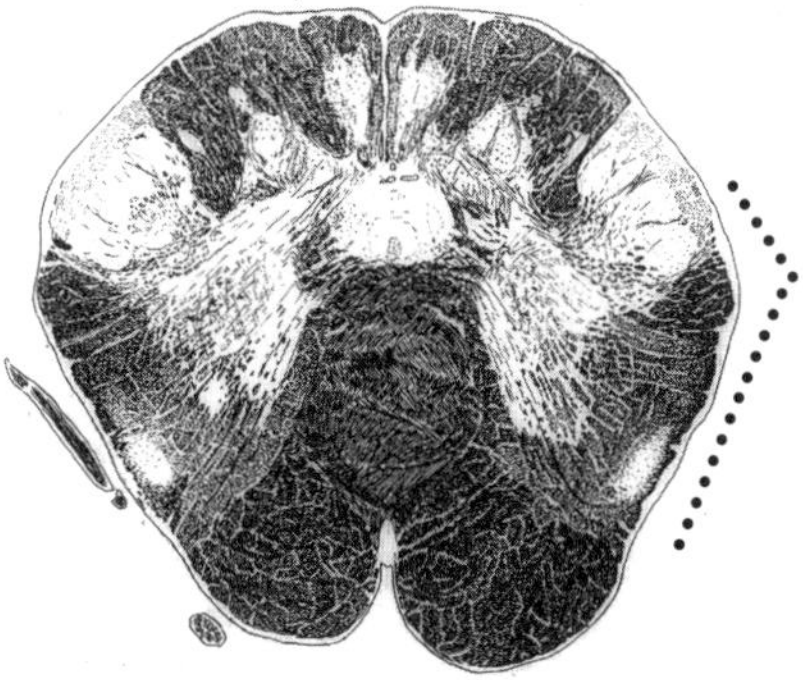

延髄の横断面。点線のあたりに脳脊髄液 pH 低下を感知する細胞群がある。

ず、それ以上息を止めたままでいれば息苦しさが頂点に達し、どうにも我慢ができなくなって、自動的に呼吸しないではいられなくなる。

　呼吸を止めていると、血液中の酸素濃度が低下するとともに、炭酸ガス濃度が上昇して血液の水素イオン指数pH（ピーエイチ）が低下する。血液における水素イオン指数の低下は、脳を浸している脳脊髄液の水素イオン指数低下に反映される。脳の最下方に存在する延髄には、脳脊髄液の水素イオン指数の低下を監視している神経細胞がある。この神経細胞は、延髄の呼吸中枢の神経細胞の働きを促進し、生物体の生存に必須の働きをしている。息を止めた状態でいると、血中の炭酸ガス濃度が上昇してきて脳脊髄液水素イオン指数が低下し、延髄の水素イオン指数低下モニター細胞の活動が高まってくる。活動がある程度以上になると、呼吸中枢に作用する他のあらゆる神経細胞の働きを凌駕してこれを刺激し、呼吸運動を強制的に生じさせてしまう。このような脳脊髄液水素イオン指数低下モニター細胞が存在する限り、ヒトは自ら呼吸を停止させて自殺するということはできない。

反対に、この細胞の働きが停止してしまうと、意志の力によらない自動的な呼吸運動は不能となり、自分で意識的に呼吸運動を営むことをしない限り、生存し続けることができない。脳死判定として最も重要な意義を持つ検査に、無呼吸試験というものがある。人工呼吸器をはずした状態で血中炭酸ガス濃度が十分に上昇してきても自発呼吸が生じないこと、つまり自動的呼吸能力が失われてしまっていることを確認するための検査である。検査は、人工呼吸器を装着するために気管内に挿入したチューブ内に酸素ガスを流し、血中の酸素濃度が低下しないようにしておこなわれる。自動呼吸能に関して最も重要なのは、血中の酸素濃度の低下ではなく、炭酸ガス濃度の上昇による血液および脳脊髄液における水素イオン指数の低下であり、これに反応して呼吸運動が自動的に生じるかどうか、ということが自律的な生存のための必須条件なのである。

脳脊髄液水素イオン指数の低下を感知する神経細胞は、延髄の表面にある。ある種の遺伝子異常でこの細胞の機能が低下してしまうと、意識が保たれていれば随意運動としての呼吸を営むことができるが、睡眠中に意識が低下して随意運動としての呼吸ができなくなると、呼吸が停止してしまい、死に至る。このような遺伝子異常による先天異常は、「オンディーヌの呪い」、正式には「先天性中枢性低換気症候群」と呼ばれている。

似たような睡眠時無呼吸による突然死は、さまざまな神経内科疾患における死亡原因となることも知られている。「オンディーヌの呪い」の命名者は、アメリカの麻酔科医ジョン・セヴェリングハウスとR・A・ミッチェルだが、彼らが報告した症例は、後天的な原因による睡眠時無呼吸の症例であり、神経内科領域では、脳幹脳炎や多系統萎縮症などで生じる睡眠時無呼吸とこれに基づく突然死が、しばしばこの名前で呼ばれている。

さて、ここで問題になるのがこの病態の名称の由来である。多くの書物には、この名前が、ジャン・ジロドゥの戯曲『オンディーヌ』に由来すると書いてあるが、ジロドゥの『オンディーヌ』には、呪いの言葉はひとことも出てこない。この作品で、オンディーヌの恋人ハンスが死ぬのは、彼女が叔父の水の精の王と交わした契約によるものである。オンディーヌに理解を示し、優しく問いかける王妃に、オンディーヌは次のように答える。

ほんとなんです、ほんとに死ぬんです。それはあたしがそう契約したからです。もしあたしを裏切ったら、かれは死ぬって。

人間なんて信じられるものではないという叔父の言葉に対し、恋人ハンスの愛を信じるオンディーヌは、ハンスの心変わりなどあり得ない、もしそのようなことがあったなら、ハンスの命は失われ、オンディーヌの記憶も消滅してもよいという契約を結んでしまうのである。オンディーヌを裏切ってベルタと結婚してしまうハンスが死ぬのは、この契約によってであり、決して呪いなどによるものではない。

ジロドゥの『オンディーヌ』は、十九世紀にプロシャの軍人フリードリヒ・フーケが書いた『水妖記（ウンディーネ）』に典拠していると言われている。しかし、フーケの語るところにも呪いは出てこない。『水妖記』における恋人は、ハンスではなくフルトブラントという名だが、彼もまたハンスと同じく、ウンディーネを裏切ってベルタルダと結婚してしまう。このように愛が裏切られたウンディーネに対して、水の精の掟として恋人の命が奪われるのであって、ここでも呪いの言葉は出てこない。ジロドゥもフーケも、オンディーヌの呪いなるものには全く触れていないのである。

オンディーヌが呪いによって恋人の命を奪うという物語は、これら二人の作家によって語られたものではないと思っていたところ、最近、インターネットで次のような記事を見つけた。いずれも、はっきりとした出典が明記されてはいないのであるが、話の起源は十六世紀のパラケルズスにありと言うから、古い伝説に由来しているものであろう。それらの記事によると、オンディーヌ（ウンディーネ）は魂を持たない水の精である。水の精は不老不死で、永遠の若さを保っているが、もし人間の男に恋をして子供を身籠ると、永遠の若さを失い、年老いて死ぬ運命に身をゆだねなければならない。そんなオンディーヌは、ある日パレモン（あるいはローレンス）という名の騎士に恋をする。パレモンもオンディーヌの美しさに打たれ、二人は愛し合うようになる。騎士は「私が目覚めている間の一息ごとに、あなたへの愛と忠節を誓いましょう」とオンディーヌに告げる。ところが、オンディーヌが騎士の子を産むと、彼女の美しさは衰え、歳とった姿に変わっていく。それと共に騎士のオンディーヌへの愛は冷め、騎士は他の女性を愛するようになる。

ある日、厩《うまや》の前を通りかかったオンディーヌは、聞きなれた騎士の鼾《いびき》を耳にした。起こそうとして厩に入った彼女が目にしたのは、一人の女性を抱いて寝ている夫の姿だった。不老不死の身を犠牲にしてまでの愛を裏切った夫に対し、怒りに満ちたオンディーヌは呪いの言葉を投げかける。「目覚めている間の一息ごとに私への忠節を誓うとおっしゃったあなたの言葉を、私は信じておりました。そのお言葉通りになるでしょう。あなたは、目覚めている限りは息をするでしょうが、寝てしまえば息をすることを忘れ、死んでしまうのです！」

これこそが、セヴェリングハウスが命名した真のオンディーヌの呪いであろうと思われる。

戯曲『オンディーヌ』は、第二次世界大戦の開戦の年にパリで初演された。そんな戦時体制の中で、かくも軽いタッチの、しかも純粋な愛に生き、自然そのままの水の精の物語を語ることのできたジロドゥに、私は驚嘆せざるを得ない。叔父である水の精の王の反対を押し切ってハンスを愛したオンディーヌは、ハンスがオンディーヌを裏切ったときには、ハンスの命が失われるという契約を叔父との間に結ばされてしまう。ところが、ハンスの裏切りを知ったオンディーヌは、叔父に対して、自分の方が先にハンスを裏切っていたと主張する。しかも、自分を裏切ったハンスに対しても、そう主張する。嘘をつくということを知らなかったオンディーヌが、初めてついた嘘――この嘘が裁かれる裁判の場面は、息詰まるほどの緊張感に包まれ、この作品の一番の見所である。異端諮問裁判を思わせる中で、何やらわからぬままに裁かれていくオンディーヌは、最後に打ち首による処刑を宣告される。裁判というものに潜む理不尽さを、これほどまで滑稽なパロディとして描いているジロドゥの手腕には、完全に脱帽せざるを得ない。それと同時に、恋人に裏切られたことを十分に知っているのにもかかわらず、まだ恋人をかばい続けようとするオンディーヌの純粋な気持ちに、強く心を打たれた。こともあろうに、そのオンディーヌが、命がけで守ろうとしたハンスに対して呪いをかけるはずはない。「オンディーヌの呪い」という医学的な表現を説明するのに、ジロドゥの名を出すような人々は、ジロドウの描くオンディーヌ、私自身が愛してやまない永遠の恋人オンディーヌの心など理解できない人たちに違いないと、憤りを覚えるのである。

26　チャールズ・ディケンズ『ピクウィック・クラブ』
――冠名症候群と冠名疾患――

びっくり仰天している事務員の目の前に姿をあらわしたのは、少年――すごく太った少年――まるで眠っているように目を閉じて靴ぬぐいの上に直立している奉公人姿の少年だった。

（チャールズ・ディケンズ『ピクウィック・クラブ（下）』北川悌二訳　ちくま文庫）

肥満が過ぎると、内臓脂肪が増加し、腹部に大量の脂肪がたまってくる。横隔膜が上に押し上げられて動きにくくなり、胸壁にも脂肪が増え、肋骨の動きも妨げられる。肺への空気の出し入れが妨げられる換気障害が生じて、血液中の酸素濃度が低下し、炭酸ガス濃度が上昇する。これによって、昼間に強い眠気が生じてくる。また、血中酸素濃度の低下に対する代償として多血症となり、顔が赤らんだり、ときにはチアノーゼを生じて紫色になったりする。この状態がさらに進むと、右心不全を生じる場合もある。このような病態は「肥満低換気症候群」あるいは「ピクウィック症候群」と呼ばれ、後者は、チャールズ・ディケンズの小説『ピクウィック・クラブ』に由来していると言われている。

冒頭に示した一節は、その名の由来となった超肥満少年ジョーが、パーカー弁護士事務所のドアをノックしている間に眠り込んでしまった場面である。少年を見た事務員は、どこから来たのかと何度もたずねるが、「少年はなんの兆候も示さず、息づかいを荒くしていたが、その他の点では、ジッと立ちつくしていた」。そして、なぜドアを激しくノックし続けたのかと問う事務員に対し、ジョーは次のように答える。

「ドアが開けられるまでノックをやめてはいけない。眠りこんではいけないからって、旦那さまから言いつかったんでね」

ドアをノックし続ければエネルギー消費が増える。超肥満少年ジョーは、ドアを強く叩いているうちに血中酸素濃度がたちまち低下し、眠り込んでしまったに違いない。ジョーのご主人であるウォードル氏は、明らかに間違った指示を出してしまった。ジョーには「ノックは一度だけしかしてはいけない。さもないとお前は眠り込んでしまうからな」と言わねばならなかったのだ。

『ピクウィック・クラブ』でのジョー少年の登場の場面は印象的である。転がっていく帽子を追って走るピクウィック氏の前に現れた一台の馬車の御者台に「いかにも眠そうにしている太った赤ら顔の少年」が座っている。これ以降、ジョー少年は、小説の中で繰り返し登場するが、いつも、すぐに眠り込んでしまう。確かに、彼ほど端的に肥満低換気症候群の病像をよく表わしている人物はいない。著者ディケンズは、このような肥満低換気症候群の患者、それも年若い患者を実際に観察していたに違いない。

固有名詞のついた病気や症候群は、「エポニム（eponym）」、日本では「冠名疾患」「冠名症候群」などと呼ばれ、私の専門とする神経内科領域ではきわめて多い。冠名の方法、つまり用いられる固有名詞の使い方として最も多いものは、その疾患や症候群の発見者の名前を冠するもので、パーキンソン病はその代表である。神経内科領域からは外れるが、バセドウ病、橋本病、ダウン症候群なども、疾患の発見者の名を冠したものである。

次に多いのは、初めて見つけられた患者の名前に由来する冠名方法である。わが国の遺伝性脊髄小脳変性症として最も多いマシャド゠ジョセフ病は、この遺伝性疾患の発見の発端となった患者の名前に由来する。最初は、二つの異なった家系から出現する二つの異なった病気、マシャド病、ジョセフ病と呼ばれていた二つの病気が、のちになってポルトガルから米国に移住した同一の家系に由来する同一疾患であり、遺伝子異常も同一であることが判明したため、二人の発端者の名を冠してマシャド゠ジョセフ病と呼ばれるようになった。

このような実在人物の名を冠する冠名方法とは別に、文学作品や伝説、あるいは民話などの登場人物、またはその作品のタイトルに由来した冠名方法も珍しくはない。前章で紹介した「オンディーヌの呪い」はそのひとつだが、ピクウィック症候群も同じ命名法と言えよう。その他、文学作品に由来するものとしてよく知られているのは、ミュンヒハウゼン症候群（『ほら吹き男爵』の名に由来する虚言症）、不思議の国のアリス症候群（片頭痛前兆としてみられる、身体浮遊感を伴う視空間知覚の歪み現象）、リリパット幻視（見るものが全て小さく見える幻視で『ガリヴァー旅行記』に出てくる小人国の名前に由来）などがある。

冠名疾患に関して大きな話題となったのは「多発血管炎性肉芽腫症（GPA）」である。鼻腔や副鼻腔、肺にできる壊死性の肉芽腫で、細い血管の炎症によって生じ、血管炎が全身に及ぶと腎臓が侵されて死に至ることもある疾患である。発見者フリードリヒ・ウェゲナーの名を冠して「ウェゲナー肉芽腫症」と呼ばれていた。しかし二〇〇〇年、ウェゲナーがナチス青年部に所属していたことが判明し、ユダヤ系医学者の多い米国では、この疾患名を使用しない運動が高まった。しかし、こういった事情に疎く、しかも無関心な日本人は、今でもウェゲナー肉芽腫症という名称を平気で使っている。民族の記憶に残る微妙な問題への配慮がなされないと、大きな軋轢が生じかねない。

一九九一年、東京で第十回国際パーキンソン病シンポジウムが開催された際、講演者として招待されていた米国シカゴの高名な神経内科教授が、土壇場になって、理由も告げずに来日をキャンセルしたことがあった。私も含め、日本の関係者たちは、このドタキャンの非礼にいささか立腹した。しかしその後、事情が明らかになるにつれ、非は私たちにあったと知るのである。同じシンポジウムに招聘した医師の中に、ウィーンの神経内科の大御所がいた。この医師は元ナチス党員だったのである。ユダヤ系の出自のシカゴの教授は、事前に送られてきたプログラムに、この元ナチス党員のウィーンの医師の名を見たに違いない。そして、我々には理由を告げず、来日をキャンセルしたのであろう。このドタキャン騒動においては、欧州特有の微妙な問題に対する細やかな配慮を欠いたわれわれこそが、反省すべきであった。

これに関して思い出されるのは、故加藤周一先生と交わした、短いが重い会話である。かつて私が、加藤周一先生からのお誘いで、渋沢・クローデル賞エッセー賞の選考委員を務めていたことは第十四章で述べた。たいへんな仕事であったが、このときに苦しみながら読んだ数々の素晴らしいエッセーは、その後の私の人生にとってかけがえのない心の糧になっている。加藤先生は、物事の上っ面しか知らない未熟者の私に、少しくらいは本当の勉強をさせてやろうというお考えで選考委員会に入れてくださったのではないかと感謝している。

このエッセー賞の選考委員会が、赤坂溜池のフランス料理店で開かれたことがあった。選考が無事に終わり、おいしい料理を食べ、ワインを飲み、楽しい語らいも終えて、私たちは店を後にして地下鉄の駅まで皆で歩いた。途中、オーストリアの物産品を扱う店の前を通りかかった。店の看板には、双頭の鷲の紋章が掲げてある。私は「加藤先生、双頭の鷲、ハプスブルクの紋章ですね」と、知ったかぶりの声をあげた。すると、加藤先生は静かにこう言われた。「ねえ、岩田君。ウィーンっていうのは怖い街なんだよ。たとえばね、路地の奥に一人のおじいさんが住んでいる。近所の子供たちに優しい、いつもにこにこしているおじいさんだ。でもね、そのおじいさんは元ナチス党員なんだ。こういったことが、ウィーンでは普通にあるんだ。怖いことだとは思わないかい」。ちょうどその頃、オーストリアでは極右政党を指導するハイダーという人物が、世界の注目を集めていた。加藤先生は「ハイダーみたいな人は、たくさんいるんだよ」とおっしゃった。「ドイツでは戦後にナチスの責任追及が徹底的になされたのに対し、オーストリアでは過去の責任追及が徹底的にされなかったため、ハイダーが生まれ、ウィーンの街にひっそり隠れ住む元ナチス党員が、『路地裏の親切な優しいおじいさん』と呼ばれるようになってしまったんだ」。地下鉄の駅に向かう短い道のりの間に語ってくださったこれらの言葉は、今でも鮮明な記憶として残っている。そして今、この言葉は、私個人に対して発せられたものではなく、私を通じて広く世界中に発せられたメッセージであったことに気づかされる。

私は、医学雑誌に連載していた「神経内科の文学散歩」の抜刷を、毎回加藤周一先生にお送りしていた。先生からは連載の内容に対するコメントをいただいたことはなかったが、もう送ってくれるなと言われないのを幸いと、送り続けていた。ある日、加藤先生から突然電話をいただいた。ご友人の病気に関する相談だった。用件がすんだあとに「毎号、抜刷を送ってくれてありがとう。手紙も出さずに失礼しているが、おもしろく読んでいますよ」とおっしゃってくだった。私は有頂天になったが、それから一か月も経たないうちに、先生の訃報が報じられた。あれは、別れを予期された先生が、私に励ましの言葉を伝えるための電話ではなかったかと思うのである。

27 曽野綾子『神の汚れた手』
――先天奇形――

〔…〕臍下の中心線にそって微かに凹んだ腹部の下端に、腫瘤《しゅりゅう》のように隆起した部分があった。それは左右に六センチほど、上下に五センチくらいの、赤みを帯びたもので、その一部がこすれたように見え、そこに僅かな血が流れていた。

（曽野綾子『神の汚れた手（上）』文春文庫）

私は三十歳代なかばの二年間を、ニューヨークのモンテフィオーレ病院で過ごした。神経病理学のメッカとも言えるこの病院で、臨床神経学の基礎的な力をつけようと思ったからである。

この病院で神経病理学研究室を主宰していた平野朝雄教授のリサーチフェローとして採用された私の仕事は、脳神経外科から送られてくる手術標本の病理学的診断をつけることと、病理解剖がおこなわれた症例の脳や脊髄の病理検索報告を作成することだった。当時、平野教授のもとには日本人の留学生が多く、また神経内科や脳神経外科の研修医、あるいは臨床参加型実習の医学生も来ていたので、研究室は常に十数名の若い人たちであふれており、たいへん活気があった。

　手術例の検索はもっぱら私の仕事であったが、解剖例の検索はみなで順番におこなっていた。病理解剖がおこなわれることになると、地下の解剖室《モルグ》から、電話連絡が入る。すると我々のうちの誰かが降りていき、取り出された臓器のうち、脳と脊髄を研究室に持ち帰る。それ以外の全身の病理検索は、剖検をした一般病理の研修医たちがおこなっていた。珍しい病気の剖検があるときなどは、早めに連絡をくれて、体表の所見の段階から、剖検者がいろいろ教えてくれた。

　そんな中で印象に残っているのは、四十歳代の男性の口の中にできていた「カポジ肉腫」である。剖検していた病理の研修医が、遺体の口の中にできた、紫色の、ちょうどブドウの巨峰の粒ぐらいの大きさの球形の腫瘤を見せてくれた。その患者の脳の検索をするのは、私の当番であった。

　帰国して数年後、当時モンテフィオーレ病院で神経病理の研究員をしていた後輩から一通の手紙が届いた。「今、ニューヨークではこんな話題で持ちきりです」という文面とともに彼が送ってきれくれたのは、「ＡＩＤＳ」という見出しの新聞の切り抜きであった。何かの事件で人手が足りないのかと思って切り抜きを読んでみると、それはエイズという名の、これまで聞いたことがないほど恐ろしい病気の発見に関する記事だった。

　しかもその記事は、私にとって驚くべき事実を告げていた。ニューヨークではここ何年かの間に、カポジ肉腫というたいへん珍しい病気が多数見つかっていて、しかもそれが全て同性愛者の男性患者だということが判明していた。これらの患者は免疫力が弱っており、そのために皆死亡する。そして、これは未知のウイルス感染症であろうと報告されていた。私の脳裏にはすぐに、かつて病理検索をしたカポジ肉腫の患者のことが浮かんだ。早速、手紙をくれた後輩に、私が病理検索をしたカポジ肉腫の症例の脳標本を探し出して、その病理所見を確かめて欲しい、できればその脳の顕微鏡標本を送ってもらいたいという依頼を出した。返事はすぐに来た。そこには、「これは全て先生のなさったことです」という後輩のコメント付きで、私の署名が入った病理報告書のコピーが同封してあった。報告書には「脳には肉眼的に何らの異常も認められなかったため、写真撮影はせず、顕微鏡標本も作成せず、脳は廃棄した」と書かれていた。私は、エイズ脳症の最初の発見者になる機会を失ってしまっていたのである。

　モンテフィオーレ病院は、アルバート・アインシュタイン医科大学の附属病院である。この大学は小児神経学の研究で世界的に有名だった。そのため、神経系に何らかの病気のある新生児や乳幼児、あるいは小児の剖検がしばしばおこなわれていた。それらの病理検索はほとんど私が担当したので、それまで接することのなかったような症例を、多数経験することになった。

　そんな中で私が最も印象に残っている症例のひとつが、先天性多発性奇形の乳児の剖検例である。生後十ヶ月半で死亡したこの乳児の剖検を担当するために解剖室《モルグ》に降りた私は驚いた。初めて実際に目にする「膀胱外反症」であった。膀胱は、腎臓でつくられた尿を一時的に貯めるための粘膜の袋で、通常は骨盤内にあって体外からは見えず、その袋の下端に開いた尿道という細い管が体表に開いているだけである。ところが、膀胱という袋をつくるはずの粘膜組織が、反転して体表に露出した状態で生まれてくる奇形があり、膀胱外反症と呼ばれている。その乳児の下腹部には、膀胱粘膜が一個の肉塊として飛び出していた。この乳児には、他にもアーノルド・キアリ奇形による水頭症や脊髄下部の低形成といった複数の奇形があり、脊髄低形成は特に高度であった。膀胱機能に関係する脊髄の下端にあたる腰髄から仙髄にかけては、全くと言ってよいほど形ができておらず、仙髄に出入りする神経は全く存在していなかった。

冒頭に引用したのは、アメリカから帰国後、朝日新聞で連載が始まった曽野綾子の『神の汚れた手』の一節で、膀胱外反症を持つ女性、三浦菊子を診察した産婦人科医の野辺地貞春の診察所見である。これを読んで、すぐ脳裏に浮かんだのは、モンテフィオーレ病院の剖検で見た痛ましい光景だった。そっくりそのままの奇形だったのである。それと同時に、小説で描かれた三浦菊子と、モンテフィオーレ病院の乳児の状態とを比較しないわけにはいかなかった。小説に描かれた菊子は、知能はよく保たれていたようだし、立って歩くことにも不自由はなかったようであるが、剖検の乳児は、下肢の筋肉の運動を司る腰髄・仙髄の運動神経細胞はほとんど形成されていないため、下肢の筋力は全くなく、たとえ成長していたとしても、立ったり歩いたりすることはできなかったであろう。また、アーノルド・キアリ奇形による水頭症があり、成長すれば精神発達遅滞も生じていた可能性があるから、菊子と比較すると、生存能力はずっと低いと考えられる。もし、これらのハンディキャップを持ちながら生存していたならば、彼の苦しみはいかばかりであっただろうか。

曽野綾子の『神の汚れた手』には、先天奇形を持って誕生した人々が描かれている。いずれも、社会的な苦痛なしに生きることはきわめて困難な人たちである。彼らは、人間社会においていかなる意味を持った存在なのか。これは社会のすべての人々に投げかけられた問題である。

私たちの世界においては、このような先天奇形を持つがゆえに、生まれながらにして、自らには責任のない苦しみを背負って生まれてくる人々がいるということは、疑いようもない事実である。医学は、そのような奇形が生じる原因を探って、奇形の発生を予防するような方策を考える責任を負っている。それと同時に、このような悲惨な先天奇形が、なぜ人類社会に存在するのかを考える際、医学に携わる者は何らかの意見を持つべき責任も持っている。先天奇形の中には、サリドマイド禍によって生まれたフォコメリア、ダイオキシンによって生まれたとされるシャム双生児など、原因と責任がある程度特定できる場合もあるが、モンテフィオーレ病院の乳児や三浦菊子のように、原因も責任も特定できないまま、苦しみを背負う人々に対して、医学はどのような言葉を発することができるのだろうか。

モンテフィオーレ病院で過ごした二年間に、私はこうした先天奇形の剖検例を多数経験した。大脳が形成されない単眼症、染色体異常に伴うさまざまな脳奇形、そして脊髄の形成異常など、いずれも、あまりにも異常の程度が強かったために、新生児期あるいは乳幼児期を生き延びることができなかった症例ばかりである。そのような症例に出会うたび、私はこのような子供がなぜ生まれてこなければならなかったのかを考えた。今でも、この問いに対する明確な答えを出すに至ってはいない。しかし、これらの人々は、われわれ人類進化の未来を切り拓くための、勇敢な先駆者たちだったのではないか、と考えている。

生物進化の基本は形質の変異であり、たえまなく変わりゆく生活環境の中で、最もよく生き抜いていける形質をもつようになった個体が最も多くの子孫を残し、その後の世界を支配する種となっていくというのが、ダーウィン流の進化論である。ひとつの種が成功を収めて世界を支配するようになったとしても、その後、一度でも環境の大きな変化が生じれば、当然、その種の優位性は失われ、新しい環境に適合した新しい種が繁殖していくことになる。このようにして進化が生じてきたのだとすると、先天奇形というものは、進化を生じる原動力である形質の変異と大きく重なってくるように思われる。先天奇形と呼ばれるものは、現在の環境下では適合し難い形質を持ってしまっているとはいえ、人類の進化に必要な未来の形質を求めるためのひとつの営みを表していると考えることはできないだろうか。

28 有吉佐和子『恍惚の人』
――デメンチア――

「お父さん、私が誰だか分らないの。本当に分らないんですか。私はねえ、あなたの娘ですよ」

「はあ、はあ、そうですか」

「そうですかじゃないでしょう。私は、あなたの娘よ、分る？」

「おかしな人ですねえ、あなたは」

茂造はようやく迷惑そうな顔になった。

「私の娘は、あなたのような年寄りじゃありませんよ」

（有吉佐和子『恍惚の人』新潮文庫）


有吉佐和子の『恍惚の人』を読むと、優れた小説家は予言者であるということを実感する。

この小説が発表されたのは一九七二年、まだアルツハイマー病という病気の実態は、ごく一部の神経病理学の専門家にしか知られていなかった時代である。

私は、一九七六年から七八年までの二年間、ニューヨークの病院において、神経病理学のリサーチフェローとしてたくさんの脳の病理解剖に携わった。その頃は、米国でもアルツハイマー病という臨床診断名を見るようなことはなく、最終的な臨床診断名はＯＭＳ（Organic Mental Syndrome 器質性精神症候群）とされるのが普通であった。それどころか、当時の米国の神経内科医のほとんどは、アルツハイマー病という病気の実体を全く知らなかった。ＯＭＳと並行して神経病理の報告書に書く診断名も、Senile change of the brain（脳の老人性変化）とするのが普通であった。アルツハイマー病の病理学的変化は、単なる脳の老化現象であると考えられており、疾患単位としてはとらえられていなかったのである。かつてＯＭＳという名のもとにほとんど顧みられることのなかった症例の多くが、アルツハイマー病と呼ばれる病気であることが世の中の常識となってきたのは、『恍惚の人』が書かれてから十年近くを経てからのことである。

有吉佐和子が「恍惚の人」と呼んだ状態は、当時は「痴呆」と呼ばれていた。しかし、この用語は差別的で好ましくないという理由から、政府主導で用語の改正がなされ、「認知症」という名が使われるようになった。当初は、これは行政用語であり、医学用語としての使用を強制するものではないとされたが、現在では医学用語としても「認知症」がほぼ定着したようにみえる。

私が所属する日本認知症学会は、かつては日本痴呆学会と呼ばれていた。行政用語としての「認知症」が使われだした頃、日本痴呆学会では学会員に対して、「痴呆」という用語を廃して「認知症」に変更すべきかどうかを問うアンケートをおこなった。結果は「問題は患者に対する蔑視や社会的な偏見であり、用語を変える必要はない」とする意見が多数を占めた。ところが、このアンケートの結果にもかかわらず、日本痴呆学会の理事会において、学会名を日本認知症学会に変更するかどうかが議論された。理事長以下、学会の指導者たちが、痴呆という呼称を残したままでは、社会的に非難されかねないと恐れたためである。私は当時の学会理事の一人だったが、「認知症」という用語は日本語として間違った表現であるから使いたくないということ、用語を変更することが重要なのではなく、患者への蔑視、社会的偏見・不利益を解消するのが重要で、学会名に「認知症」という語を用いることには反対する旨を述べた。

「認知症」という語は、日本語としてたいへん不適切である。「症」という語は、「糖尿病性腎症」「肥大型心筋症」のように、いずれかの臓器に生じた病態を意味するか、あるいは「不妊症」「失語症」のように、「不妊」あるいは「失語」のように、一定の状態を示すために使用されるかのどちらかである。

「認知」という臓器はないのだから、「認知症」なる語は、認知という状態にあるという意味、すなわち認知する状態ということになる。軽度の物忘れはあるが日常生活上は支障がない状態を、われわれは以前から「軽度認知障害」と呼んできたが、このような症例はアルツハイマー病の初期症状であることが珍しくない。そうすると、「軽度認知障害」が進行すると「認知症」になるということになる。言葉の上から見れば、障害がなくなってしまうことになる。したがって、日本語の用法として「認知症」なる語は不適切である。もし「認知症」なる語が正しい日本語ということになれば、「不妊症」「失語症」は、それぞれ「妊娠症」「言語症」と呼ばねばならないということになってしまい、大混乱が生じてしまう。以上が、「認知症」という用語に対する私の反対意見の第一の論点であった。

私が述べた第二の反対論点は、用語を変えても、偏見や蔑視はなくならないということであった。この論争の数年前に「らい病」という用語が、同じような理由で「ハンセン病」という用語に変わった。しかし、その変更後に、熊本のあるホテルが、ハンセン病患者の宿泊を拒否するという事件が発生し、用語を変えてみても偏見はなくならないことをありありと見せつけてくれた。重要なのはこのような差別と偏見をなくすための努力であり、それが真剣に論議されなければ、用語を変えることに意義はない。

日本痴呆学会の理事会で私がこのように述べたのち、学会名変更の可否を問う採決がおこなわれ、圧倒的多数で日本認知症学会への改称が決定された。採決後、私は再び意見を述べた。重要なのは用語の改正ではなく、患者に不利になるような差別・蔑視であることで、この学会は率先してそれをなくすことに取り組んで欲しいと強く要望した。

その後、「認知症」という用語に日本語としての違和感を持つ私は、当時東京女子医科大学の私のもとに留学していた中国人医師の方々に依頼して、彼女たちの周囲にいる四十名の中国人留学生を対象にアンケートをおこなった。質問事項は、①「痴呆」という用語は差別用語だと思いますか？ ②「認知症」という用語は、漢字の使い方として適切だと思いますか？ の二点である。

漢字の本国から来た人々なら、私と同じく「認知症」という用語に違和感を感じているだろうと思い、このアンケートを依頼した次第だった。ところが、調査の結果は意外なものだった。第一の質問に対しては、ほとんどの人が「痴呆」には差別感、蔑視を感じると答えていたが、第二の質問に対し、私が期待していた「不適切である」という回答を寄せてくれたのは半数に過ぎず、残りの半数は、ソフトで適切な用語だと思う、と答えたからである。

この結果には驚かされたが、調査をしてくれた中国人医師たちに、この結果を論文として発表してもらうことにした。ちなみに、その当時は中国でも、「認知症」という用語が日本から輸入されていたようであり、この論文の筆頭著者となった賀昕医師も、来日前は、私のもとで「認知症」について学びたいという手紙をくれていた。

調べてみると、台湾では「失智症」という用語が使われていた。漢字の使用法としても適切だと思われたが、日本国内で台湾の用語「失智症」を使うことに対して理解を求めることは難しい。そこで私は、医療関係者に対して語るときは、「認知症」のもととなった dementia をカタカナ表記した「デメンチア」という用語を用いることにしている。しかし、一般の方々に対して書いたり語ったりするときは、いたしかたなく「認知症」という用語を使わねばならず、私にとって大きな苦痛となっている。

ところで、『恍惚の人』を読み始めた時、主人公茂造の息子の嫁、立花昭子の足どりが、地下鉄の階段を上がって青梅街道に出て、「五日市街道から梅里へ折れて」と書かれているのに驚いた。私が五歳から十一歳までの幼年時代を過ごしたのは、その梅里のすぐ西隣りの松ノ木町だったからである。昭子が家路をたどった道は、少年時代の私の家へ向かう道の一本東側の道だった。しかも、その道は、立花家のある梅里と、私の家があった松ノ木町を分かつ道でもあった。この道の両側には寺と墓地が多く、杉田玄白と共に解剖書『ターヘル・アナトミア』を翻訳した前野良沢の墓のある慶安寺も、この道沿いの梅里側にある。梅里のすぐ南側は堀之内という地名で、ここには日蓮宗本山の妙法寺がある。有吉佐和子はこの近くに住んでおり、妙法寺が好きで、よく境内を通ったらしい。この妙法寺境内には有吉佐和子の記念碑がある。私が子供の頃は、この寺は「お祖師さま」と呼ばれており、広い境内でよく友達と遊んだものである。

『恍惚の人』で、アルツハイマー病によるデメンチア患者であると思われる主人公の茂造は、松ノ木町にある松ノ木敬老会館に通うことになるが、この敬老会館は、杉並区役所の出張所の二階という設定になっている。これは、私が通った堀之内小学校のすぐ近くである。急死した茂造の妻の火葬が営まれたと考えられる堀之内火葬場の煙突から立ち上がる煙も、子供の頃よく目にしていた。つまり、『恍惚の人』は、少年時代の私が過ごした界隈で起こっていたできごとだったのだ。茂造を中心とする立花家も、作家有吉佐和子も、少年時代の私の隣人だったということになる。それだけではない。茂造が最後の家出で行方知れずになり、やっと保護されたのは、現在私が住むところに近い練馬区春日町である。私にとって、これほどまでに距離感が近く感じられる作品はない。

『恍惚の人』のすごさは、きわめて日常的な生活を営む一般家庭にデメンチア患者が生じた場合、一家が陥る困惑と混乱の実態を、きわめてリアルに描き出したことにある。

この小説から四十年以上を経た今日、事態はもっと深刻な様相を帯びてきている。『恍惚の人』では、デメンチア患者の茂造は、長男一家と一緒に生活しているが、今日の都市生活においては、独居老人のデメンチアが大きな問題である。それどころか、二人暮らしの老夫婦がともにデメンチア患者であるということも珍しくはない。『恍惚の人』の嫁昭子は、奇異な行動をとる舅に対して、一人で懸命の介護をおこなうが、今日の高齢都市生活者では、これほどまでに家族から介護してもらえる人は少ない。今日でも、茂造が示したような奇異な行動は、昭子が感じたと同様に困惑の対象であり、処理の対象とはされるが、理解の対象とはされない。デメンチア患者の診療や介護を論ずる学会や研究会では、デメンチア患者の呈するさまざまな異常行動が取り上げられ、それに対する対処法や薬物療法が論じられているが、そのような奇異な行動がなぜ生じたのかを理解しようとする介護側の努力はきわめて少ない。しかし、デメンチア患者の示す突拍子もない行動には、ほとんどの場合、何らかの了解可能な理由があり、その理由に適切に対処できれば、行動を抑える必要はなくなることが多いのである。デメンチア患者の一見奇異で、周囲の人々を困惑させる行動は、処理の対象ではなく、理解の対象となるべきなのである。

デメンチアの患者を差別や蔑視から守るためという謳い文句で考え出された「認知症」という用語は、今や立派な差別用語となって、蔑視の眼差しを助長する役目を担っている。デメンチアを発症した父や母を私のもとに連れてくる息子や娘たちの多くは、「父(母)は、やっぱニンチなんですか?」とたずねる。その言葉の奥には、父母の病態に対する心配や共感の気持ちは感じられず、自分たちが厄介なものを背負い込んでしまったのではないかという嫌悪感を伴った怖れしか感じられないことが少なくない。

妙法寺にある「有吉佐和子之碑」。裏面には、竹本越路大夫、杉村春子、山田五十鈴、吾妻徳穂の4人の建立発起人の名前が刻まれている。

日本痴呆学会が日本認知症学会と学

会名を変えることを決めた理事会で、これに反対する私が「デメンチアに対する偏見や蔑視をなくして欲しい」と訴えた要求は、いまや、実現されるにほど遠いところまできてしまっている。私自らが、一日一日と近づいていくデメンチアという状態が、人の生き方のうちのありふれた状態のひとつとして認識されるようになる日が来ることは、もはや期待すべくもないのであろうか。

参考資料

1　**ガブリエル・ガルシア・マルケス『百年の孤独』**
・「特集プリオン」（Brain Medical 第18巻4号 二〇〇六年）
・平野朝雄、松井孝嘉、岩田誠『カラーアトラス神経病理』（医学書院）

2　**ジュール・ヴェルヌ『オクス博士の幻想』**
・大島泰郎「生命の起源研究の話題から――原始の海は熱かったか?」（社会情報10 二〇〇一年）
・Haldane J.S, *The therapeutic administration of oxygen*, BMJ 1, 1917

3　**帚木蓬生『三たびの海峡』**
・G・A・レンシャル、G・ヘテニー、W・フィーズビー『インシュリン物語――糖尿病との闘いの歴史』二宮睦雄訳（岩波書店）

4　**パスカル・キニャール『アルブキウス』**
・杉山二郎、山崎幹夫『毒の文化史』（學生社）
・ジョン・エムズリー『毒性元素―謎の死を追う』渡辺正、久村典子訳（丸善出版）
・パスカル・キニャール『めぐり逢う朝』高橋啓訳（早川書房）
・パスカル・キニャール『音楽への憎しみ』高橋啓訳（青土社）

5　**ギュスターヴ・フロベール『ボヴァリー夫人』**
・ジョン・エムズリー『毒性元素――謎の死を追う』渡辺正、久村典子訳（丸善出版）
・ダーリング・ブルース、ダーリング常田益代『図説 ウィリアム・モリス――ヴィクトリア朝を越えた巨人』（河出書房新社）
・「モリスの夢見た日々―近代デザインの父、ウィリアム・モリスの生活芸術展」カタログ（メルシャン軽井沢

美術館　二〇〇八年）

6　アガサ・クリスティー『蒼ざめた馬』

・T・A・シービオク、J・ユミカー＝シービオク『シャーロック・ホームズの記号論――C・S・パースとホームズの比較研究』富山太佳夫訳（岩波現代選書）
・ジョン・エムズリー『毒性元素――謎の死を追う』渡辺正、久村典子訳（丸善出版）
・アガサ・クリスティー『スタイルズ荘の怪事件』矢沢聖子訳（ハヤカワ文庫）
・ラモニ・カハール『［増補］神経学の源流2』萬年甫編訳（東京大学出版会）
・Ramón Cajal S, traduite de l'Espagnol en français par Azoulay L, *Histologie du Système Nerveux de L'Homme et des Vertebrés*. Tome II, Consejo Superior de Investigaciones Cientificas, 1955

7　ウンベルト・エーコ『薔薇の名前』

・ヴォルテール『カンディード 他五篇』植田祐次訳（岩波文庫）
・ウンベルト・エーコ『記号論Ｉ』『記号論II』池上嘉彦訳（岩波現代選書）
・T・A・シービオク、J・ユミカー＝シービオク『シャーロック・ホームズの記号論――C・S・パースとホームズの比較研究』富山太佳夫訳（岩波現代選書）
・Rapezzi C, Ferrari R, Branzi A, BMJ 331, 2005
・岩田誠『神経症候学を学ぶ人のために』（医学書院）

8　バーナード・ショー『ウォレン夫人の職業』

・岩田誠「垂れ手の症候学」（神経内科2　一九七五年）
・Hirano A, Iwata M, *Neuropathology of lead intoxication*, In *Handbook of Neurology*, Vol 36, Vinken PJ, Bruyn GW eds, 1979
・岩田誠、平野朝雄「急性鉛脳症の神経病理」（神経内科6　一九七七年）

9 **J・K・ローリング『ハリーポッターと賢者の石』**

・Ramagopalan SV, Knight M, Ebers GC, Knight JC, *Origins of magic: review of genetic and epigenetic effects.* BMJ 335, 2007

10 **ミヒャエル・エンデ『モモ』**

・中村雄二郎『共通感覚論　知の組みかえのために』（岩波現代選書）

・アリストテレス『アリストテレス全集3　自然学』出隆、岩崎允胤訳（岩波書店）

・聖アウグスティヌス『告白（上）』『告白（下）』服部英次郎訳（岩波文庫）

・エルンスト・マッハ『時間と空間』野家啓一訳（法政大学出版局）

・岩田誠『感じる時間と測る時間―時間の研究小史』（Brain Medical 26　二〇一四年）

・ヘルマン・ヘッセ『老年の価値』岡田朝雄訳（朝日出版社）

11 **マイケル・カニンガム『めぐりあう時間たち』**

・ヴァージニア・ウルフ『ダロウェイ夫人』近藤いね子訳（みすず書房）

12 **ヴァージニア・ウルフ『ダロウェイ夫人』**

・ヴァージニア・ウルフ『ある作家の日記』神谷美恵子訳（みすず書房）

・Arita H, *Brain mechanism of poor anger management*, Japan Medical Association Journal 52, 2009

・田中沙織「衝動と脳」岩田誠、河村満編『社会活動と脳―行動の原点を探る』所収（医学書院）

13 **オウィディウス『変身物語』**

・ヴァージニア・ウルフ『オーランド―ある伝記』川本静子訳（みすず書房）

・ブルフィンチ『ギリシア・ローマ神話』野上弥生子訳（岩波文庫）

・アポロドーロス『ギリシア神話』高津春繁訳（岩波文庫）

14 **マリーズ・コンデ『わたしはティチューバ―セイラムの黒人魔女』**

・三浦信孝『現代フランスを読む―共和国・多文化主義・クレオール』（大修館書店）

・マリーズ・コンデ『生命の樹――あるカリブの家系の物語』菅啓次郎訳（平凡社）
・マリーズ・コンデ『心は泣いたり笑ったり――マリーズ・コンデの少女時代』くぼたのぞみ訳（青土社）
・渡辺一夫『フランスルネサンスの人々』（白水社）
・Huntington G, *Recollection of Huntington's chorea as I saw it at Easthampton, Long Island, during my boyhood*, The Journal of Nervous and Mental Disease 37, 1910
・Huntington G, *On chorea*, Medical and Surgical Reporter 26, 1872
・Maltsberger JT, *Even unto the twelfth generation – Huntington's chorea*, Journal of the History of Medicine and Allied Sciences 16, 1961

15 アベ・プレヴォ『マノン・レスコー』

・岩田誠『パリ医学散歩』（岩波書店）
・Vessier M, *La Pitié-Salpêtrière. Quatre siècles d'histoire et d'histoires*. Assistance Publique – Hôpitaux de Paris, 1999.
・Larguier L, *Les Vieux Hôpitaux Français. La Salpêtrière*. Laboratoire de Ciba, 1939
・Jean R, *Paul Eluard par lui-même*. Edition du Seuil, 1968

16 テネシー・ウィリアムズ『欲望という名の電車』

・Iwata M, *La ligne humaine de l'utopie*, In *Les utopies et leur représentations*, Kato S et al, eds, le Quartier, 2000
・岩田誠「ウソつき脳と芸術活動」小泉英明編『育つ・学ぶ・癒す 脳図鑑21』所収（工作舎）
・松沢哲郎『チンパンジー・マインド――心と認識の世界』（岩波書店）

17 ジェイムズ・ジョイス『痛ましき事件』

・岩田誠「慢性アルコール関連神経疾患」（東京医学94 一九八七年）

18 エミール・ゾラ『居酒屋』

・The origins and ancient history of wine（http://www.pen.museum/site/wine/wineneolithic.html）
・ヘロドトス『歴史（上）』松平千秋訳（岩波文庫）

・『ギルガメシュ叙事詩』矢島文夫訳（ちくま学芸文庫）
・豊倉康夫「サル酒の話から」新内科学体系第14回月報「生命の科学」（中山書店）
・ビールの歴史 (http://www.geocities.jp/beerforum/bhistory.htm)

19 ハーマン・メルヴィル『ビリー・バッド』

・アーサー・ケストラー『ホロン革命』田中三彦、吉岡佳子訳（工作舎）

20 ダンテ『神曲』

・アポロドーロス『ギリシア神話』高津春繁訳（岩波文庫）
・ソポクレース『アンティゴネー』呉茂一訳（岩波文庫）
・宇高不可思「〝みかえり阿弥陀〟と脳循環」（とれもろ67 二〇一〇年）
・オウィディウス『変身物語（下）』中村善也訳（岩波文庫）

21 マハーバーラタ『ナラ王物語』

・Noguchi H, Moore JW, *A demonstration of Treponema pallidum in the brain in cases of general paralysis*, The Journal of Experimental Medicine 17, 1913
・小早川睦貴、鶴谷奈津子、河村満「ギャンブルする脳――パーキンソン病における意思決定過程」岩田誠、河村満編『社会活動と脳――行動の原点を探る（脳とソシアル）』所収（医学書院）
・鈴木匡子「ヒトの意思決定のメカニズム」岩田誠、河村満編『社会活動と脳――行動の原点を探る（脳とソシアル）』所収（医学書院）
・Djamshidian A, Cardoso F, Grosset D, Bowde-Jones H, Lees AJ, *Pathological gambling in Parkinson's disease –A review of the literature*, Movement Disorders Journal 26, 2011
・岩田誠「行動選択障害の神経内科学――懲りないパーキンソンと恐れ知らずのデメンチア」（BRAIN & NERVE 64 二〇一二年）

22　ホメロス『イリアス』

・Klüver H, Bucy PD, *Preliminary analysis of functions of the temporal lobes in monkeys,* Arch Neurol Psychiatry 42, 1939

・Adolphs R, Tranel D, Damasio H, Damasio AR, *Impaired recognition of emotion in facial expressions following bilateral damage of the human amygdala,* Nature 372, 1994

・Feinstein JS, Adolphs R, Damasio A , Tranel D, *The human amygdala and the induction and experience of fear,* Current Biology 21, 2011

・岩田誠「神経心理学研究の新しい可能性――デメンチアと危機認知能力」（神経心理学27　二〇一一年）

・岩田誠「恐怖がないという恐怖――災害における危機認知能力の調査から」（日仏医学34　二〇一二年）

23　ジャン・ラシーヌ『フェードル』

・時実利彦『脳の話』（岩波新書）

・Magoun HW, *The Waking Brain*, C.C Thomas, 1958

・羽田澄子『痴呆性老人の世界』（エキプ・ド・シネマ　一九八六年）

・岩田誠「メンタルケアとは何か」メンタルケア協会編『精神対話論』所収（慶應義塾大学出版会）

24　フセーヴォロド・ガルシン『信號』

・フセーヴォロド・ガルシン『紅い花 他四篇』神西清訳（岩波文庫）

・イアン・タッターソル『最後のネアンデルタール』高山博訳（別冊日経サイエンス）

・岩田誠「メンタルケアとは何か」メンタルケア協会編『精神対話論』所収（慶應義塾大学出版会）

25　ジャン・ジロドゥ『オンディーヌ』

・Severinghaus JW, Mitchell RA, *Ondine's curse – failure of respiratory center automaticity while awake*（abstract）. Journal of Clinical Research10, 1962

・Severinghaus JW, *Reye's syndrome and Ondine's curse*, The Western Journal of Medicine 126, 1977

・フーケー『水妖記―ウンディーネ』柴田治三郎訳（岩波書店）
・The Goddess Ondine and The Curse（http://www.goddessgift.com/goddess-myths/goddess-Ondine.htm）

26 チャールズ・ディケンズ『ピクウィック・クラブ』

・Baxby K, Woywodt A, Matteson E, Whitworth JA, *Should eponyms be abandoned?*, BMJ 335, 2007
・Feder BJ, *A Nazi past casts a pall on name of a disease*, The New York Times Jan 22, 2008

27 曽野綾子『神の汚れた手』

・岩田誠、河本圭司、平野朝雄「Arnold-Chiari 奇形」（神経内科9　一九七八年）

28 有吉佐和子『恍惚の人』

・岩田誠「間違った用語は受け入れ難い」（Cognition and Dementia 5　二〇〇六年）
・賀昕、朴玉順、岩田誠「〝認知症〟という用語を中国人はどう思うか」（神経内科67　二〇〇七年）
・岩田誠『臨床医が語る認知症の脳科学』（日本評論社）
・岩田誠「メンタルケアとは何か」メンタルケア協会編『精神対話論』所収（慶應義塾大学出版会）
・岩田誠『臨床医が語る　認知症と生きるということ』（日本評論社）

著者略歴

岩田誠（いわたまこと）

一九四二年、東京生まれ。東京女子医科大学名誉教授。メディカルクリニック柿の木坂院長。専門は神経内科学。

著書・編書

『脳とことば』（共立出版）、『パリ医学散歩』（岩波書店）、『神経症候学を学ぶ人のために』（医学書院）、『見る脳・描く脳』（東京大学出版会）、『脳と音楽』（メディカルレビュー社）、『神経内科医の文学診断』（白水社）、『鼻の先から尻尾まで　神経内科医の生物学』（中山書店）、『臨床医が語る　認知症と生きるということ』（日本評論社）ほか多数。

続　神経内科医の文学診断

二〇一五年一二月　五日　印刷
二〇一五年一二月三〇日　発行

著　者 © 岩　田　　誠
発行者　及　川　直　志
印刷所　株式会社　三　陽　社
発行所　株式会社　白　水　社

東京都千代田区神田小川町三の二四
電話　営業部〇三（三二九一）七八一一
　　　編集部〇三（三二九一）七八二一
振替　〇〇一九〇-五-三三二二八
　　　郵便番号　一〇一-〇〇五二
http://www.hakusuisha.co.jp
乱丁・落丁本は、送料小社負担にてお取り替えいたします。

株式会社松岳社

ISBN978-4-560-08482-3

Printed in Japan

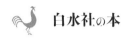